국호로 보는 분단의 역사

국호로 보는 분단의 역사
ⓒ 강응천, 2019

초판 1쇄 펴낸날 2019년 11월 13일

지은이 강응천
펴낸이 이건복 **펴낸곳** 도서출판 동녘

등록 제311-1980-01호 1980년 3월 25일
주소 (10881) 경기도 파주시 회동길 77-26
전화 영업 031-955-3000 편집 031-955-3005 **전송** 031-955-3009
블로그 www.dongnyok.com **전자우편** editor@dongnyok.com
인쇄·제본 영신사 **종이** 한서지업사

ISBN 978-89-7297-943-2 (03900)

국호로 보는 분단의 역사

강응천 지음

대한민국
인민공화국
조선민주주의

동녘

들어가며

1947년 미소공동위원회는 전국의 정당·사회단체를 대상으로 한국인의 통일독립정부가 어떤 성격과 형태를 가져야 하는지 물었다. 이 자문諮問에 대한 답신에는 당연히 국호에 대한 의견도 포함될 수밖에 없었다. 공교롭게도 우익 계열은 '대한민국'을, 좌익 계열은 '조선(민주주의)인민공화국'을 국호로 제시했다. 이를 빗대어 항간에는 '좌조선 우대한'이라는 말이 떠돌았다. 그것이 그대로 남북한 분단국가의 국호로 굳어진 것은 역사적 필연이었을까? 이 책의 문제의식은 여기서 시작한다.

현대국가의 국호는 일반적으로 국가의 민족적·지역적 정체성을 나타내는 부분과 국체 및 정체를 나타내는 부분으로 구성된다. '대한'과 '조선'이 전자에 해당하고 '민국'과 '민주주의인민공화국'이 후자에 해당한다. 이렇게 볼 때 남북한은 본래 한 나라였던 게 맞나 싶을 만큼 두 부분에서 닮은 데가 없는 이질적 국호를 가지고 있다.

특히 대한과 조선처럼 민족적 정체성을 나타내는 칭호마저 달리한 사례는 다른 분단국가에서 찾아보기 어렵다. 중국, 베트남, 독일의 예를 들어보자. 중국의 분단 양측은 중화민국과 중화인민공화국에서 볼 수 있는 것처럼 '중화中華'를 공유했다. 남베트남(베트남공화국)과 북베트남(베트남민주공화국)도 베트남Việt Nam을 공유하고, 서독(독일연방공화국)과 동독(독일민주공화국)도 독일Deutschland을 공유했다. 영어 칭호도 각각의 분단 양측이 China, Viet Nam, Germany를 함께 썼다. 그러나 남북한은 Korea라는 영어 칭호만 같을 뿐 한글과 한자로는 마치 다른 민족인 양 다른 칭호를 채택했다.

이처럼 유별나게 이질적인 국호 때문에 남북한은 평화와 통일을 향한 교류 협력 과정에서도 소모적인 불편을 겪어왔다. 민족적 칭호가 다르다 보니 상대방을 남측이니 북측이니 하고 불러야 한다. 남은 북을 북한이라 하고 북은 남을 남조선이라 한다. 남북한 단일기도 한반도기와 조선반도기로 다르게 부른다. 중국, 일본 등 한자문화권에서는 남한을 한국韓國, 북한을 조선朝鮮이라 표기한다. 역사를 모르는 사람들은 남북한이 본래 하나의 나라인 줄도 모를 것이다.

한편 국체 및 정체를 나타내는 민국과 민주주의인민공화국의 차이는 남북한의 체제가 다른 만큼 당연해 보인다. 그러나 말뜻만 놓고 보면 이 부분의 차이는 본래 그렇게 크지 않았다. '민국'은 전제 군주국과 대비해 국민이 통치하는 근대적 공화국을 의미한다. 여기서 '민'은 민주주의를 뜻하기도 하고 인민을 뜻하기도 했다. 또 민국 자체가 공화국을 의미하는 말이기도 했다. 이처럼 처음에는 별 차이가 없던 민국과 민주주의인민공화국은 좌우로 나뉜 독립운동 과정에서, 그리고 분단 과정에서 서로 다른 의미를 획득해나갔다.

중요한 것은 이처럼 이질적인 남북한의 국호가 둘 다 통일독립국가의 국호를 자임하며 제정되었다는 사실이다. 서로 통일 국호의 자리를 차지하기 위해 경쟁한 것은 물론 분단국가의 국호로 귀결되면서도 각기 자신이 한반도의 유일 국호임을 내세우면서 오늘에 이르렀다. 이는 분단에 이르는 과정에서 남북의 정치 세력들 사이에 극단적 대립과 갈등이 있었음을 시사한다.

그렇다면 한반도의 분단은 외세에 의해 강요된 것일 뿐 아니라 내적으로도 필연적인 귀결이었을까? 그렇지 않다. 1000여 년긴 단일한 국가를 이루어온 역사적 경험과 해방 후 민중이 표출한 통일독립국가에 대한 강렬한 열망으로 볼 때 분단은 도리어 반역사적 사변이었다. 남북한의 국호에는 해방 후 통일독립국가로 나아가던 과정이 외세가 강요한 분단에 의해 얼마나 폭력적으로 단절되고 왜곡되었는지, 그 비밀이 농축되어 있다.

이 책은 위와 같은 문제의식 아래 남북한의 서로 다른 국호가 어떤 역사적 기원을 갖는지, 어떤 과정을 거쳐 제정되었는지 추적하고자 한다. 먼저 민족적 칭호인 대한과 조선부터 보자. 대한은 황제가 다스리는 전제군주국('대한제국')에서 유래한데다 그 나라는 일제에게 패망했다. 왜 그런 이름이 남한의 국호로 채택되었을까? 조선은 중국에 조공을 바치던 봉건 왕조의 이름이었을 뿐 아니라 일제가 '대한제국'을 폐기하고 사용한 식민지의 이름이었다. 왜 그런 이름이 북한의 국호로 채택되었을까? 그 이유와 의미를 밝히도록 하겠다.

남북한 국호에서 분단의 비밀을 더 많이 품고 있는 부분은 정체 및 국체를 나타내는 민국과 민주주의인민공화국이다. 민국은 신해혁명을 통해 수립된 중화민국의 영향을 받아 채택된 칭호로 알려져 있다. 신해혁명은 또한 서구와 일본으로부터 유입된 공화주의 사상의 영향을 받았다. 그러나 다른 한편으로는 국내에서 조선왕조 이래 민국이라는 칭호가 사용되고 그 의미가 자생적으로 진화해온 것도 사실이다.[1] 유교적 전제군주국에서 사용되기 시작한 민국이 전제군주국과 구별되는 근대적 민주공화국의 칭호로 채택된 내력을 살피도록 하겠다.

한편 중국과 한국에서 사회주의 국가의 수립을 지향한 세력은 국호에서 민국을 '(민주주의)인민공화국'으로 대체했다. 인민공화국은 처음부터 사회주의 국가를 가리킨 것은 아니고 본래의 말뜻에서도 민국과 큰 차이가 없었다. 그렇다면 왜 사회주의를 지향하면서 '사회주의공화국'이나 '소비에트공화국'이라 하지 않고 민국과 별 차이가 없는 (민주주의)인민공화국을 선택했을까? 여기에는 한국뿐 아니라 전 세계의 사회주의 운동이 걸어온 복잡한 역사가 깃들어 있다.

나아가 북한 국호는 '민주주의'가 추가로 삽입되어 있다는 점에서 중화인민공화국과도 다르다. 현대 국가 가운데 민주(주의)와 인민을 국호에 함께 쓴 곳은 북한 창건 이전에는 없고 이후에도 드물다. 이처럼 국호에 민주주의를 첨부하는 문제는 북한 정부 수립 과정에서도 '아홉 자 타령'이라는 큰 논란을 불러일으켰다. 민주주의인민공화국이라는 아홉 글자가 국호로는 길고 유례가 없다는 논란을 말한다.[2] 북한에서는 왜 이 같은 논란을 무릅쓰고 유난히 길고 별난 국호를 채택했을까? 그 내력 역시 상세히 살피고자 한다.

민국과 민주주의인민공화국의 유래와 채택 과정을 탐구하는 일은 결국 남북한이라는 분단국가를 세계사의 보편성 속에서 자리매김하는 일이 될 것이다. 근대 민족국가 건설 운동과 세계 사회주의 운동의 흐름 속에서 국호의 각 요소는 어떻게 인식되고 취사선택되어 우리가 알고 있는 모습으로 조합되었을까? 이 질문에 대한 답을 통해 남북한 국호의 역사적 위상을 현대 세계의 흐름 속에서 자리매김할 수 있을 것으로 기대한다.

해방 전후 한반도는 기본적으로 항일독립운동의 주역들이 건국의 주역으로 전환하면서 통일적 지도력을 형성해가는 과정에 있었다. 대한민국과 조선민주주의인민공화국도 그 과정에서 통합을 기다리고 있는 대기 명단이었을 뿐이다. 분단을 유도하는 강력한 외세의 자장에 해방 정국이 빨려들지 않았다면, 한반도에서 단일 국호를 가진 통일 국가가 수립되는 것은 정해진 수순이었다. 끝내 분단으로 귀결되고 만 여러 세력의 열망과 투쟁과 좌절은 고스란히 두 개의 국호에 농축되어 들어갔다. 그런 점에서 남북한 국호는 해방 정국의 역사적 진로가 끊긴 지점을 알려줄 블랙박스라고 할 수 있다. 이 책은 바로 그와 같은 분단의 블랙박스를 해독하려는 시도다.

자칫 무모할 수 있었던 시도에 시종일관 격려와 질정을 아끼지 않은 북한대학원대학교 신종대 교수님, 거친 원고를 다듬어 한 권의 책으로 빚은 도서출판 동녘과 구형민 부장님, 그리고 도움을 주신 모든 분께 감사드린다. 이 작은 성과를 바탕으로 남북한을 아우르는 현대사의 재구성을 향해 정진하는 것만이 그 도움에 보답하는 길이라 믿는다.

차례

3부 통일의 코드에서 분단의 코드로

1장 대한민국으로 가는 길

대한과 조선은
어디에서 왔는가?

남북한이 민족 간 교류를 하려고 할 때마다 번거롭게 제기되는 문제 가운데 하나가 민족적 정체성을 나타내는 칭호가 서로 다르다는 점이다. 남북한이 하나라는 것을 상징하기 위해 만든 깃발조차 남에서는 한반도기라 하고 북한에서는 조선반도기라 한다. 중국과 일본에서는 남한을 한국이라 하고 북한을 조선이라 하기 때문에 젊은 세대는 역사 교육을 받지 않는 한 남북한이 본래 하나라는 사실을 모를 것이다. 웃어야 할지 울어야 할지 모를 일이다.

이 특이한 사례의 기원은 일제강점기의 국가 건설 논의까지 거슬러 올라간다. 우익 민족주의자들은 국가의 근대성을 고려해 '대한'을 선호한 반면, 북한의 원류를 이루는 좌익 계열은 인민과의 친화성을 고려해 '조선'이라는 칭호를 주로 사용했다. 그런 차이가 해방 후 두 국호의 분립으로까지 이어질 줄은 좌우 어느 쪽도 예상하지 못했을 것이다.

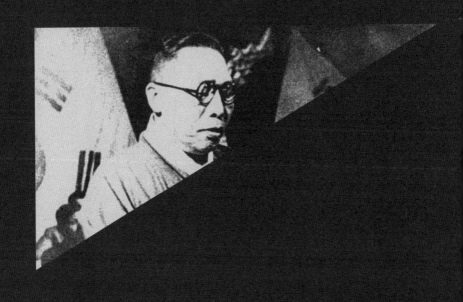

민국과 민주주의인민공화국은 말뜻만 놓고 보면 '국민(인민)이 통치하는 민주주의 공화국'으로 별 차이가 없다. 그러나 민족해방운동이 좌우로 분열되고 사회주의적 국가건설론이 전개되면서 차이가 생겼다. 민국은 신해혁명으로 탄생한 중화민국과 한국인의 독립운동을 통합 지도할 목적으로 수립된 대한민국임시정부에서 모습을 드러냈다. 여기서 국민 일반을 의미하던 인민은 사회주의 운동의 전개와 함께 지주나 부르주아지가 아닌 노동자, 농민, 소부르주아지 등을 가리키는 계급적 의미를 띠게 되었다. 민주주의도 그러한 인민의 주권을 보장하는 신민주주의, 인민적 민주주의 등으로 진화해갔다. 조선공산당의 '인민공화국', 조국광복회의 '인민정부', 조선독립동맹의 '민주공화국'은 그와 같은 흐름 속에서 제출되어 민주주의인민공화국의 기원을 이루게 된다.

1897년 10월 12일 고종이 대한 제국을 선포하고 스스로 황제 자리에 오른 환구단. 고종은 조선이라는 국호가 중국 황제의 승인을 받은 봉건 제후국을 가리킨다는 의미에서 자주적 독립 국가를 지향하는 황제국에 맞지 않다고 보고 이를 대한으로 바꿨다.

1장 대한민국의 기원

역사가 깊고 풍부한 것이 사안에 따라서는 그 민족의 발목을 잡을 때가 있다. 수천 년에 걸친 한국사에는 여러 국호가 등장했고, 각각의 국호는 나름의 특장점이 있었다. 독립운동 진영이 민족의 독립국가를 구상할 때 그 국호들은 하나씩 논의의 대상으로 불려 나왔다. 항일독립운동을 통합 지도한다는 취지로 수립된 임시정부가 '대한'을 국호로 선택하면서 논의는 일단락되는 듯했다.

그러나 대한민국임시정부 내의 노선 대립이 분열로 귀결된 뒤 임시정부로부터 등을 돌린 좌익 계열은 '(대)한'이라는 칭호로부터도 등을 돌렸다. 그들의 선택은 '조선'이었다. 독립국가의 지향을 달리하는 두 세력이 깊고 풍부한 역사로부터 서로 다른 국호를 불러내 민족적 정체성의 표현으로 삼아 경쟁하기 시작한 것이다.

1. 조선에서 대한으로

조선은 단군조선에서, 대한은 삼한에서 유래했다. 조선과 삼한은 둘 다 민족사의 깊은 전통에 뿌리박고 고대부터 민족적, 지역적 범칭

汎稱으로 불려왔다. 두 이름이 근대 민족국가를 구상하던 사람들에게 주목받게 된 것은 그들이 일제에 국권을 강탈당하기 직전 사용된 국호였다는 사정과 관계가 있다.

500여 년간 지속되던 조선왕조는 일제에 국권을 강탈당하기 직전 대한으로 이름을 바꿨다. 그 내력을 잠시 살펴보자. 1876년 2월 3일 조선왕조는 일본과 강화도 조약을 맺고 개항함으로써 유럽에서 시작된 근대 세계로 끌려들어갔다. 조선은 불가피하게 근대적 국제 질서의 일원으로 거듭나지 않으면 안 되었다. 유럽에서 태동한 근대적 국제 질서는 배타적 주권을 갖는 독립국가들로 이루어져 있었다. 조선이 전통적으로 중국과 맺고 있던 사대 관계는 조선왕조의 독립을 저해하는 것은 아니었지만, 근대적 시각에서 볼 때는 문제가 있었다. 게다가 조선이 미국, 프랑스 등 서방국가들과 외교 관계를 맺을 때 중국의 청淸 왕조는 조선에 대해 종주국 행세를 하며 교섭 과정에 개입하곤 했다. 따라서 조선이 명실상부한 근대적 주권국가로 공인받기 위해서는 청에 대한 사대 관계를 청산해야만 했다.

1894년에 일어난 청일전쟁에서 일본이 승리함에 따라 청은 사실상 조선에 대한 영향력을 상실했다. 조선은 일본의 압박 아래 근대적 개혁을 추진하면서 청에 대한 사대의 그림자를 하나둘 지워나갔다. 청의 연호 대신 조선의 개국 연호를 사용하고 국왕의 지위를 황제에 준하는 것으로 격상시켰다. 그러나 일본에 이어 러시아, 미국, 영국 등이 조선에 대한 이권 쟁탈전에 뛰어드는 상황은 조선의 실질적인 독립을 끊임없이 위협했다. 1895년 8월 20일 일본을 견제하기 위해

친러 노선을 걷던 민씨 왕후가 일본의 음모로 시해당했다. 이에 위협을 느낀 고종高宗은 이듬해 2월 11일 러시아 공사관으로 피신해 1년이 넘도록 그곳을 집무실로 사용했다.

조선의 독립을 근저에서 뒤흔드는 이 위기 상황에서 고종의 환궁과 칭제稱帝를 요청하는 상소가 빗발쳤다. 개화파 중심으로 설립된 독립협회가 선두에 섰다. 환궁은 러시아 공사관을 나와 궁궐로 돌아가는 것을 말하고, 칭제는 황제를 칭해 조선이 배타적 주권을 갖는 독립국임을 나라 안팎에 선포하는 것을 의미했다. 고종은 이 요청을 받아들여 1897년 2월 20일 경운궁(지금의 덕수궁)으로 환궁하고, 그해 10월 12일 황제 자리에 올라 국체를 대한제국으로 바꾼다고 선포했다.

여기서 주목되는 것이 500여 년간 사용해오던 '조선' 대신 역사상 한 번도 국호로 사용된 적이 없는 '대한'을 황제국의 이름으로 채택했다는 사실이다. 《고종실록》에는 그 이유가 상세히 기록되어 있다. 새 국호를 정하는 회의에서 의정대신 심순택沈舜澤이 말했다. "우리나라는 기자箕子의 옛날에 봉封해진 조선이란 이름을 그대로 칭호로 삼았는데 애당초 합당한 것이 아니"[1]므로 새 국호를 정하자는 것이었다. 조선은 중국에 사대를 하고 책봉을 받던 왕조의 이름이니 당당한 황제의 나라에 적합지 않다는 뜻이다.

그러자 고종은 기다렸다는 듯이 다음과 같이 자기 생각을 밝히고 국호를 대한으로 정했다.

우리나라는 곧 삼한三韓의 땅인데, 국초國初에 천명을 받고 하나의 나라로 통합되었다. 지금 국호를 대한大韓이라고 정한다고 해서 안 될 것이 없다. 또한 매번 각국의 문자를 보면 조선이라고 하지 않고 한韓이라 하였다. 이는 아마 미리 징표를 보이고 오늘이 있기를 기다린 것이니, 세상에 공표하지 않아도 세상이 모두 다 대한이라는 칭호를 알고 있을 것이다.[2]

기왕 의욕적으로 국호를 바꿨는데 당당한 독립국가로 번영했으면 얼마나 좋았을까? 그러나 대한제국은 13년만에 일제에 국권을 빼앗겼다. 1910년 8월 29일 일제는 한일병합을 공식 발표하면서 "한국의 국호는 이를 고쳐 이제 조선이라 칭한다."[3]라는 칙령을 공포했다. 한국(대한제국)이라는 독립국가를 대일본제국의 일개 지역으로 격하하고 이를 조선이라 부른 것이다.

그에 앞선 병합 추진 과정에서 친일파 각료들은 데라우치 마사타케寺內正毅 통감에게 한국이라는 국호만이라도 보존하게 해 달라고 요청한 바 있었다. 그해 8월 16일 대한제국 법부대신 조중응이 통감 관저로 데라우치를 찾아가 한국을 국호로 사용하게 해 달라고 빌었던 것이다. 국권을 내주는 마당에 국호는 유지시켜 달라는 것은 사실 앞뒤가 안 맞는 얘기였다. 데라우치는 나라가 없어지는 마당에 '한韓'이라면 몰라도 '국國'자가 들어가면 안 된다고 거절했다.

이처럼 국권피탈을 전후해 대한과 조선을 둘러싸고 벌어진 논란은 그 후 민족주의자들이 조선을 선호하지 않은 이유를 단적으로 알려준다. 민족주의자들에게 조선은 중국에 사대하던 봉건 왕조의 명칭이자 일제 치하에서 격하된 지역 명칭이었다. 그에 반해 대한은 자주독립국과 근대적 국민국가를 지향한 이름으로 의미를 부여할 수 있었다. 고종이 대한제국을 선포한 명분은 중국 황제의 책봉을 받던 봉건 국가 조선에서 벗어나 황제인 자신을 중심으로 근대화를 이룩하겠다는 것이었기 때문이다.

대한제국의 존립 기간이 워낙 짧았기 때문에 대한은 일반 민중에게 낯선 이름이었다. 그에 비해 조선은 500여 년간의 국호였고 수천 년 동안 한반도 일대의 고유 칭호로 쓰였기 때문에 국권피탈 과정의 내막과는 관계없이 민중에게 친숙했다. 반면 대한제국 정부에 참여했거나 대한제국의 국권을 회복하는 데 관심을 가졌던 지식인들은 대한, 한, 한국 등의 칭호에 민족적 자긍심을 부여하고 있었다.

일제의 국권 탈취 공작이 한창 진행 중이던 1910년 7월, 미국에서 발행되던 교포 신문《신한민보新韓民報》는 논설을 통해 새로운 '대한국가'를 세우자고 주장했다. "우리는 어디까지 대한국민이니 대한국가가 아니면 의무를 행함이 불가"[4]한데, '현 정부'는 일본에 투항한 지 이미 오래되었으니 새 정부를 세우자는 것이었다. 이 신문은 그해 10월 5일 〈대한인의 자치기관自治機關〉이라는 논설을 싣고 대한국민을 대표해 공법이 허락하는 '임시정부假政府'의 자격을 갖추고 자치제도를 시행하자고 주장했다.

그런가 하면 1910년대의 대표적 항일독립조직으로 1915년 대구에서 결성된 단체의 이름은 '대한광복회'였다. 같은 해 민족사학자 박은식朴殷植은 통한의 근대사를 돌아본 역사서《한국통사韓國痛史》를 중국 상하이에서 간행했다.

박은식을 비롯해 신채호申采浩, 박용만朴容萬 등은 1917년 7월 상하이에 모여 민족대회의 소집을 제안했다. 국내외 각지에서 활동하는 민족 지도자들이 한데 모여 독립운동을 통합 지도할 임시정부의 수립을 논의하자는 것이 제안의 취지였다.《대동단결선언大同團結宣言》이라는 제목의 제안서에는 다음과 같은 내용이 담겨 있다.

> 융희隆熙 황제[순종]가 삼보三寶(영토, 인민, 주권)를 포기한 8월 29일은 즉 우리 동지가 삼보를 계승한 8월 29일이니 그동안에 한 순간도 멈춘 적이 없었다. 우리 동지는 완전한 상속자니 저 황제권 소멸의 때가 즉 민권 발생의 때요, 구한국舊韓國 최종의 1일은 즉 신한국新韓國 최초의 1일이다. 따라서 어떤 이유로도 우리 한국은 처음부터 한인의 한국이지 비한인의 한국이 아니다. 한인 사이의 주권 접수는 역사상 불문법의 국헌이다.[5]

황제가 통치하던 대한제국을 '구한국'이라 하고, 그 영토와 주권을 계승해 민이 통치하는 새로운 한국을 '신한국'이라 이르고 있다. 이처럼 한을 근대적, 민족적 정체성의 핵심 표현으로 보는 인식은 1919년 4월 임시정부의 국호 제정에도 직접적인 영향을 미쳤다.

2. 제국에서 민국으로

　대한제국은 근대적 국민국가를 지향하기는 했어도 '제국' 칭호에서 알 수 있는 것처럼 어디까지나 황제에게 주권이 귀속되는 전제국가였다. 대한제국이 일제에 의해 무기력하게 멸망한 뒤로 한민족에게 독립이 의미하는 것은 대한제국을 되찾는 것이 아니었다.《대동단결선언》이 천명하고 있듯이 황제가 아닌 민이 통치하는 민권의 나라를 세우는 것이 항일독립운동의 진정한 목표가 되었다. 그러한 민권의 나라를 표현하는 칭호가 바로 오늘날 대한민국 국호를 구성하고 있는 '민국民國'이다.

　민국은 이처럼 새로운 국가의 개념이지만 그 유래는 오히려 대한보다 더 오래되었다. '민이 국가의 근본民惟邦本'이라는 동양의 전통적인 민본주의 정치사상에 바탕을 둔 민국이라는 조어造語가 조선 후기 이래 사용되고 있었기 때문이다. 근대 서양에서 형성된 민주주의 이념과 공화 정체政體의 개념이 그 말에 덧입혀져 오늘날 우리가 알고 있는 민국이 되었다. 대한과 민국이 만나 국호의 꼴을 이루게 된 것이 바로 대한민국임시정부에서였다.

조선왕조의 민국

　1917년 7월 발표된《대동단결선언》은 대한제국을 '구한국'이라 지칭하면서 '신한국' 건설을 주창했다. 대한민국임시정부는 그 정신을 이어받아 대한민국이라는 국호를 제정했다. 제국은 구한국에, 민국은 신한국에 조응하는 셈이다. 그런데《조선왕조실록》,《승정원일기》등의 기록을 보면 조선왕조에서도 민국이라는 용어가 쓰이고 있는 것을 발견할 수 있다. 또한 조선왕조를 계승한 대한제국 시절에도 일부 단체와 언론이 대한민국이라는 칭호를 사용한 사례를 찾아볼 수 있다. 이를 두고 민국의 개념이 외국에서 들어온 것이 아니라 한국사의 내부에서 자생적으로 형성되어왔다고 풀이하는 학자들도 있다. 과연 그럴까? 잠시 눈을 왕조시대로 돌려보자.

'민이 국가의 근본'이라는 말은 중국의 고전《서경書經》의〈하서夏書〉'오자지가五子之歌'에 처음 나온 이래 유가의 기본 방침이 되었다.[6] 조선 후기 들어 눈에 띄기 시작하는 민국이라는 말도 이 같은 민본주의에 뿌리를 두고 있었다. 탕평책을 펼친 숙종과 영조 때의 역사 기록에는 '민사국계民事國計'라는 말이 나온다. 백성의 일과 나라의 계획이라는 뜻이다. 탕평책은 사대부 중심 정치를 극복하고 국왕과 민이 직접 소통하는 것을 지향하는 국왕 중심의 정치였다. 그렇다면 민사국계는 탕평정치에서 으뜸으로 삼는 국정 지표라 할 수 있다. '생민국사生民國事', '생민국계生民國計' 등 민사국계와 비슷한 말들도 쓰였다. 조선 후기에는 이들의 줄임말이라 할 수 있는 '민국'이 나타나 사용 빈도를 높여가게 된다.

영·정조 때 민국은 국왕이 가장 우선시해야 할 국가의 중대사를 의미하는 말로 쓰이곤 했다. '민국지대정民國之大政', '민국지대사民國之大事', '민국지대계民國之大計' 등이 그러하다. 영조는 "생각하건대

40년을 왕위에 임해서 (…) 한마음을 이미 민국에 바쳤다.一心已許於民
國"●라고 술회한다. 영조의 아들인 사도세자思悼世子 때는 임금의 역할
을 대신하는 대리청정이 '민국의 정무民國之務'[7]로 표현되었다. 얼마
뒤 사도세자가 정변에 휘말려 죽자 그 아들(훗날의 정조)이 세손으로
책봉되었다. 그때 다시 대리청정을 맡은 세손은 영조에게 상소를 올
려 이렇게 말한다. "민국의 중함民國之重과 기무의 번거로움을 갑자기
맡기면서 조금도 어렵게 여기지 않으심은 어찌해서입니까?"[8]

《조선왕조실록》에서 민국이란 말은 영조 때 29회, 정조 때 38회,
순조 때 51회 등장한다. 사대부 가문들의 세도정치가 기승을 부리던
헌종과 철종 때는 좀 뜸했다가 영·정조의 국왕 중심 정치를 부활시
킨 고종 때에는 무려 229회로 폭증한다. 역사학자 이태진은 "고종 시
대에는 民國(민국)이란 용어가 정치에서 거의 常用(상용)되는 추세"[9]
라고 설명한다.

이태진에 따르면 고종 때 민국은 국가의 중대사를 가리키는 것을
넘어 국가 그 자체를 가리키는 말로도 쓰였다. 예컨대 다음과 같은
기록들이 있다.

만약 우리나라 사람과의 연줄을 통해 우리 경내에 잠입해서 우리 의복
으로 갈아입고 우리 언어를 배워 우리 민국을 속이고罔我民國 우리 예속

● 《영조실록》, 107권, 영조 42년(1766) 4월 1일.《영조실록》에는 그밖에도 '一心民國(일심
민국)', '一念民國(일념민국)', '一心惟在民國(일심유재민국)', '心許民國(심허민국)', '身許民
國(신허민국)' 등 다양한 표현이 등장한다.

을 어지럽히면 나라엔 통상의 법이 있어 마땅히 그에 따라 처벌할 것이니 이는 만국공통의 규칙이오.[10]

부강해지는 것만이 자강自强은 아닙니다. 우리 정교政教를 잘 닦고 우리 민국을 보전하고保我民國 대외관계에서 불화가 생기지 않게 하는 것, 이것이 실로 자강의 급선무입니다.[11]

앞의 인용문은 1866년 병인박해 때 프랑스 신부들을 처형한 이유를 설명하는 내용이다. 이어지는 인용문은 1880년 일본에 수신사로 다녀온 김홍집金弘集이 고종에게 '자강'이란 말에 대해 설명하는 대목이다. 이태진은 두 인용문 모두 우리나라에 대한 표현에 굳이 민국이란 용어를 사용하고 있다고 해석한다.[12]

민국의 용례는 고종이 대한제국을 선포한 1897년 이후로도 이어진다. 1899년 들어 서울에 전차가 다니기 시작하면서 보행자들이 전차에 부딪혀 죽거나 다치는 사고가 일어났다. 그 대책을 논의하는 자리에서 "무릇 전차 철로는 장차 운반을 편하고 빠르게 해주어 민국에 이익이 되는 것利益民國也"[13]이라는 말이 나왔다. 이태진은 여기서도 민국이 국가를 대신하는 표현으로 쓰였다고 해석한다.

이 같은 사례들을 통해 이태진은 19세기 후반에서 20세기 초에 이르는 근대화 모색 기간에 '국가'에 해당하는 표현이 민국으로 거의 상용된 것을 확인할 수 있다고 주장한다.[14] 그러나 이태진이 국가를 표현하는 것으로 인용한 '민국'은 대부분 '백성과 나라'라는 뜻으로 해석해도 어색하지 않다. 국사편찬위원회가 제공하는 국역《조선왕조실록》에도 그렇게 되어 있다. 민국을 굳이 국가로 해석한다 하더라도 그것이 '민이 주권자인 국가'라는 근대적 의미가 아니라는 것만은 분명하다.

대한제국 시기에 민국이라는 표현을 명실상부한 국가의 의미로 쓴 것은 독립협회, 대한협회 등의 민간단체와《독립신문》,《대한매일신보》등의 민간 언론이었다. 독립협회는 1896년에 발간한《대조선독립협회회보》에서 프랑스를 '불란서민국佛蘭西民國'으로 표기하고 있다. 프랑스의 정식 국호가 'République Française'이므로 république(영어로는 republic)을 민국으로 번역한 셈이다. 1886년 조선과 프랑스가 처음으로 수호조약을 맺을 때는 프랑스를 '대법민주국大法民主國'으로 표기했었다. 오늘날의 정식 표기는 '프랑스공화국'이다. republic의 번역어가 '민주국 → 민국 → 공화국'의 과정을 밟은 셈이다.

《대조선독립협회회보》는 일본, 러시아, 영국, 독일, 오스트리아 등 군주가 통치하는 나라들을 '제국帝國'으로 표기한다. 이 같은 용례로 미루어볼 때 프랑스에 붙인 민국은 군주제를 폐기하고 국민이 통치하는 공화 정체를 가리키는 것이 분명하다.

흥미로운 것은 대한제국이 건재한 시점에 외국인이 주도하는 언론들이 우리나라를 가리켜 '대한민국'이라 표기하는 사례가 나타난다는 점이다. 최초의 사례는 1899년 1월부터 미국인 선교사 헨리 아펜젤러Henry Gerhard Appenzeller가 주필로 일한《독립신문》이었다.

당쟝 눈압헤 젹은 리익을 싱각 ᄒ야 동젼ᄆᆫ 지여 ᄂᆡ더니 지금 와셔 비

교ᄒ야 보거드면 리히 다소가 엇더 ᄒ뇨 엇지 ᄒ엿던지 진졍이 이럿

케 된 것은 대한민국 대계를 위ᄒ야 대단 이셕히 녁이노라.(당장 눈앞의

작은 이익을 생각해 동전만 찍어내더니 지금 와서 비교해보면 손익이 어떠한

가? 어쨌든 이 지경이 된 것은 대한민국 대계를 위해 대단히 애석한 일이다.)[15]

그런가 하면 영국인 어네스트 베델Ernest Thomas Bethell이 창간한
《대한매일신보》도 1907년도 한문판 논설에서 대한민국이라는 표현
을 사용하고 있다.

날이 가고 달이 갈수록 본국민의 땅 소유권이 조석으로 외국인의 수중

에 들어가고 있으니, 언제 본국 인민이 한 치의 흙, 한 척의 땅의 소유도

지키지 못해 대한민국大韓民國이 끝내 누군가의 것이 될지 생각조차 할

수 없구나.[16]

베델이 37세를 일기로 짧은 생을 마쳤을 때에도 《대한매일신보》
는 한국을 사랑한 그를 추모하며 다음과 같은 논설을 실었다.

몸은 비록 죽었으나 영령이 승천하여 37년 짧은 역사를 하소연하면서

대한민국大韓民國이 함께 함몰하는 상태를 하느님께 알리건대 천상으로

부터 종鍾소리로 수백 명의 영웅호걸을 살려내어 우리 대한大韓을 도

와 요기妖氣를 청소하시니[17]

아펜젤러와 베델은 한국과 한국인을 사랑하고 한국인이 열강의 침탈로부터 벗어나 자주적 근대화를 이루기를 열망한 외국인이었다. 그들이 운영한 독립 언론에 등장한 대한민국의 민국은 18세기 조선의 궁궐에서 쓰이던 민국과는 분명 다르다. 프랑스를 불란서민국으로 표현했을 때의 민국에 가까울 것이다. 그 대한민국은 당시 현실에 존재하던 한국이 아니라 미래에 실현되어야 할 한국이었다. 그 미래의 한국은 고종과 순종의 대한제국에서는 끝내 실현되지 못했다. 대한민국은 대한제국의 죽음을 거치면서 비로소 모습을 드러내게 되어 있었다.

공화국과 민국

지금까지 살펴본 것처럼 민국은 국내에서도 조선 후기부터 사용하던 말이다. 대한제국 시절에는 프랑스를 민국으로 표기한 데서도 알 수 있는 것처럼 이미 그 말을 왕국이나 제국 같은 군주국에 반대되는 정체의 개념으로 사용했다. 심지어는 대한민국이라는 말조차 언론에서 비공식적으로 사용하고 있었다. 그런데 민국이란 말을 공식 국호에 처음 사용한 것은 대한민국이 아니었다. 1911년 중국에서 신해혁명이 일어나 중국 역사상 최후의 왕조였던 청을 무너뜨리고 중화민국을 탄생시켰다. 이 중화민국이 대한민국보다 7년 앞서 수립된 최초의 민국이다. 중화민국의 민국은 어떤 의미를 가지고 있었을까? 또 그것은 대한민국의 민국과 어떤 관계가 있을까?

신해혁명의 지도자 쑨원孫文은 일찍이 1904년부터 새로운 나라의 이름을 '중화민국'으로 정해놓고 있었다. 그해 쑨원은 미국에서 《중국 문제의 참된 해결》이라는 책자를 발표했다. 여기서 그는 "만청滿淸(만주족의 청 왕조) 군주정체를 '중화민국'으로 바꾸는 것"[18]만이 중국 문제의 진정한 해결책이라고 주장했다. 8년만인 1912년 1월 1일 중화민국은 새로운 중국의 국호로 선포되고 쑨원을 대총통으로 추대했다. 그 자리에서 쑨원은 "민국은 민의 나라입니다. 민을 위해 세워졌으므로 민이 곧 통치자입니다."라고 선언했다.

여기서 쑨원이 말하는 민국은 1896년에 독립협회가 republic을 번역했던 민국과 같은 말이다. 그런데 그 무렵 republic의 한자 번역어로 더 널리 쓰이던 것은 공화국共和國이었다. 쑨원도 이를 잘 알고 있었다. 그렇다면 쑨원은 왜 국호를 중화공화국이라 하지 않고 중화민국이라고 했을까? 이에 대해서는 쑨원 자신이 1916년에 다음과 같이 이유를 밝힌다.

> (중화민국의) '민' 자의 의의는 10여 년 주의 깊은 연구 끝에 얻은 것이다. 유럽과 미국의 공화국은 우리나라보다 훨씬 앞서 창건되었다. 20세기의 국민은 마땅히 자신의 창제 정신을 가지며 18, 19세기 방식을 따르는 것으로 만족할 수 없다. (…) 국민이라는 존재는 민국의 천자天子이다.[19]

쑨원은 민국과 공화국이 본질적으로 동일하다는 것을 알고 있었다. 그러나 서양의 역사를 공부하면서 유럽과 미국의 공화국들에서 나타난 폐단은 피해야 한다는 것을 깨달았다. 그 결과 국호에 '민'을 넣어 민권을 직접 표시하자는 생각을 하게 된 것이다. '공화'에는 반드시 민이 나라의 주권자가 된다는 뜻은 없기 때문이다.

여기서 잠시 republic과 그 번역어인 공화에 대해 살펴보고 넘어가자. republic은 본래 라틴어 res publica에서 유래한 말로 '공공의 것'을 의미했다. 고대 로마에서 한 사람의 왕이 아닌 여러 사람이 함께 국가를 운영해나가는 정치 체제를 가리키던 말이다. 18세기 말 시민혁명에 성공한 미국과 프랑스는 자신들의 정치 체제를 republic이라는 말로 부르곤 했다. 이제 republic은 전제 군주국인 왕국과 대비되는 정체로서 시민이 통치하는 근대적 정치 체제를 의미하게 된 것이다.

공화를 처음 republic의 한자 번역어로 사용한 나라는 일본이었다.[20] 공화라는 말 자체는 중국 고사에 나온다. 주周의 여왕厲王이 폭정을 거듭하다 국인國人〔나라의 주민들〕들에게 쫓겨나자 소공과 주공두 재상이 왕 없이 정치를 행한 시기(기원전 841~828)가 있었다. 사마천司馬遷은《사기史記》〈주본기周本紀〉에서 그 시기를 가리켜 공화共和라고 기록했다. 이러한 고사를 근거로 일본의 미쓰쿠리 쇼고箕作省吾가 1845년 자신의 저서《곤여도식坤輿圖識》에서 처음 공화를 republic의 번역어로 사용했다. 세습 군주 없이 유력자들이 함께 통치하는 정체를 가리키는 republic에 공화가 적합하다고 생각했기 때문이다.*

여기서도 알 수 있는 것처럼 republic이나 공화에는 민의 주권이나 민의 통치가 반드시 전제되지는 않는다. 전제군주가 아닌 귀족, 재력가 등이 공동으로 통치하는 정체도 공화이기 때문이다. 쑨원이 이 점을 고려해 국호에 민을 명기한 것은 탁월한 선택이 아닐 수 없다.

훗날 상하이의 임시정부가 국호로 제정하는 대한민국의 '민국' 도 쑨원이 의도했던 뜻을 명시적으로 담고 있었다. 대한민국임시정부의 헌법에 해당하는 대한민국임시헌장은 제1조에서 "대한민국은 민주공화제로 함"이라고 선언하고 있기 때문이다. 그런 점에서 대한민국임시정부의 국호에 부착된 민국은 대한제국 시절 republic의 번역어였던 민국보다 진일보한 칭호임에 틀림없다.

3. 대한민국의 정치적 뿌리

근대적 국민국가의 칭호로 창안된 대한과 근대적 민주공화정을 가리키는 민국은 1919년 4월 대한민국임시정부의 출범과 함께 하나의 국호로 통합되었다. 대한민국임시정부는 국내외 독립운동의 통합 지도부를 지향하며 힘차게 출발했다. 그러나 채 4년도 안 되어 그 기대는 무산되고 말았다. 임시정부의 진로를 놓고 외교론과 무장

• 미쓰쿠리 쇼고의 번역이 오해에 기인한 오류라는 설도 있다. 여왕이 쫓겨난 뒤 제후로 추대된 자는 공(共)이라는 나라의 백작(伯爵)이었던 화(和)라는 사람으로, 그가 왕의 직무를 대행했다는 것이다. 이 설에 따르면 '공화'는 통치 방식을 가리키는 말이 아니라 사람 이름이었던 셈이다. 1917년 왕국유가 복원한 고대 역사서《고본죽서기년(古本竹書紀年)》에 나오는 기록이다. 落合淳思,《古代中国の虚像と実像》(東京: 講談社, 2009) 참조.

투쟁론이 갈등을 빚더니 1923년에 이르러 좌익 계열이 임정으로부터 떨어져 나갔다. 그 무렵부터 좌익 계열의 독립운동 단체들은 대한이라는 칭호를 버리고 일반 민중 사이에서 널리 쓰이던 조선을 선호하는 경향을 보였다.

이제 대한민국은 독립운동 진영에서도 우익 일부만이 인정하고 사용하는 예비 국호가 되고 말았다. 1940년대 들어 김원봉金元鳳의 조선민족혁명당 같은 좌익 계열 일부가 대한민국임시정부에 참여하긴 했다. 그러나 대한민국임시정부가 끝내 전체 독립운동을 포용하지 못한 것은 뼈아픈 일이었다. 그와 더불어 상대화된 대한민국 국호는 해방 후 요동치는 정국 속에서 험난한 길을 걷게 된다.

독립운동 통합사령부의 국호

대한제국은 근대적 국민국가 건설의 꿈을 이루지 못하고 13년만에 멸망했다. 그로부터 7년만에 발표된 《대동단결선언》은 민이 주권자인 새로운 한국의 창건을 선포했다. 다시 2년 뒤 일어난 삼일운동은 한국인들이 그러한 신한국을 세울 자격이 있다는 것을 만천하에 공표한 사건이었다. 그 직후 제국이 아닌 민국을 내세운 독립운동 기관들이 나라 안팎에서 창립을 선언하고 나섰다.

1919년 3월 17일 러시아 니콜리스크(지금의 우수리스크)에서 최초의 임시정부적 기관인 대한국민의회가 설립되었다. 문창범文昌範이 의장, 이동휘李東輝가 선전부장, 안창호安昌浩가 내무총장이었다. 4월

9일에는 서울에 조선민국임시정부 수립을 알리는 전단이 뿌려졌다. 조선국민대회·조선자주당 연합회 명의로 뿌려진 이 전단 속 임시정부의 집정관은 이동휘, 국방총리는 이승만李承晚이었다. 4월 17일에는 평안북도 철산·선천·의주 등에 역시 이동휘를 집정관으로 하는 〈신한민국 정부선언서〉가 살포되었다.[21] 또 4월 23일에는 이승만을 집정관총재로 내세운 〈한성정부안〉 전단이 서울에 출현했다.

상하이에서 출범한 대한민국임시정부도 처음에는 이 같은 여러 임시정부 가운데 하나였다. 그 시작은 1910년 4월 10일 밤 10시에 열린 임시의정원 제1회 회의였다. 국내와 만주, 시베리아, 미국, 일본 등지에서 활약하던 독립운동가 29명이 상하이 프랑스 조계租界에 있는 현순玄楯의 집에 모였다. 회의는 의장에 이동녕李東寧, 부의장에 손정도孫貞道를 선출하고 정부 조직과 국호에 관한 토의에 들어갔다. 토의 결과 국호는 대한민국으로 하자는 신석우申錫雨의 동의와 이영근李渶根의 재청이 가결되었다.[22]

그러나 국호의 결정이 일사천리로 진행된 것은 아니다. 대한민국, 조선공화국, 고려공화국 등이 국호안으로 제출되어 상당한 격론이 벌어졌다. 회의 참가자 가운데 여운형呂運亨은 특히 대한이라는 칭호에 대해 거부감을 드러냈다.

대한은 이미 우리가 쓰고 있던 국호로서 그 대한 때에 우리는 망ㄴ했다. 일본에게 합병되어버린 망한 나라 대한의 국호를 우리가 지금 그대로 부른다는 것은 감정상感情上으로도 용납할 수 없다.[23]

이 같은 여운형의 주장에 대해 대한민국을 주창한 사람들은 무엇이라고 대답했을까?

일본에게 빼앗긴 국호이니 일본으로부터 다시 찾아 독립했다는 의의意義를 살려야 하고 또 중국이 혁명 후에 새롭고 혁신적革新的인 뜻으로 '민국'을 쓰고 있으니 이를 따라 대한민국이라 하는 것이 좋다.[24]

이 기록으로 볼 때 회의 참석자들은 7년 전 수립된 중화민국에서 민국이 뜻하는 바를 정확히 알고 있었던 것 같다. 여운형도 대한이라는 민족적 칭호에 불만이 있었을 뿐 국체의 칭호로는 민국이든 공화국이든 별다른 이의가 없었을 것이다. 결국 다수의 주장에 따라 대한민국은 임시정부의 국호로 채택되었다. 회의는 밤을 새워 이튿날 오전 10시까지 계속된 끝에 〈대한민국임시헌장〉을 채택하고 막을 내렸다. 그해 9월 11일 대한민국임시정부(임정)는 국내외 각지에서 다양한 칭호를 가지고 등장했던 임시정부들을 하나로 아우른 통합임시정부로 출범하게 된다.

임정의 분열과 대한민국의 상대화

임정은 초창기부터 위기를 맞았다. 1921년 3월 임정의 임시 대통령 이승만이 미국에 한국의 위임통치를 제안했다는 사실이 알려졌다.[25] 그러잖아도 많은 사람들이 강대국의 선의에 의존하려는 임정

주류의 외교 노선에 불만을 품고 있었다. 이승만의 행위는 그들의 불만에 기름을 부은 꼴이 되었다. 박은식, 김창숙金昌淑 등이 임정의 혁파를 위한 국민대표회의 소집을 제창하고 신채호, 박용만 등이 호응했다. 여운형도 동의했다.

1923년 1월부터 5월까지 상하이에서 열린 국민대표회의에는 130여 명의 지역 대표와 단체 대표가 참여했다. 독립운동사상 최대 규모의 회의였다. 그러나 회의는 임정을 개혁하자는 개조파와 임정을 해산하고 새로운 독립운동의 지도기관을 세우자는 창조파의 충돌 끝에 분열로 막을 내리고 말았다.

신채호, 박용만 등 비타협적 민족주의자와 사회주의자로 구성된 창조파는 그해 6월 소련의 블라디보스토크에 새 정부를 수립하기로 결의했다. 국호는 한韓, 연호는 기원紀元으로 하고 소련에 승인을 요청했다. 그러나 소련 정부는 승인을 거부하고 도리어 창조파의 국외 퇴거를 요구했다. 창조파는 하는 수 없이 1924년 2월 중국으로 돌아가야 했다.

그때 김구金九, 조소앙趙素昻, 여운형 등은 국외 각지의 독립운동 세력을 임정 중심으로 통일하자는 《대동통일취지서》를 발표했다. 그러나 한번 불거진 독립운동 진영의 분열을 돌이킬 수는 없었다. 임정은 점점 더 우익 계열의 독립운동기관이 되어갔고, 좌익 계열은 임정으로부터 멀어져갔다. 단체 이름이나 예비 국호로도 좌익 계열은 (대)한 대신 조선을 주로 사용하기 시작했다.

사회주의자들이 처음부터 (대)한에 대해 거부감을 보였던 것은

1부 대한과 조선은 어디에서 왔는가?

아니다. 1918년 5월 이동휘, 김알렉산드라 등이 러시아 하바롭스크에서 한국인 최초의 사회주의 정당을 창립했을 때 그 이름은 한인사회당韓人社會黨이었다. 앞서 본 대로 국민대표회의가 결렬된 직후 창조파가 블라디보스토크에서 임정을 대체하려고 한 새 정부의 국호는 한이었다.

그러나 1920년대 중반 이후 좌익 계열의 독립운동 단체는 조선을 선호했다. 1925년 4월 서울에서 창립된 조선공산당, 1937년 11월 좌익 계열의 통일전선으로 출범한 조선민족전선연맹, 1942년 7월 화북의 중국공산당 근거지에서 결성된 조선독립동맹 등 사례는 수없이 많다. 장차 건설될 독립국가의 국호로도 조선인민공화국, 조선민주공화국 등이 제시되었다. 좌익 계열이 한이라는 칭호를 쓴 것은 대개 우익 계열과 함께 민족통일전선 조직을 결성할 때였다. 1927년 국내에서 결성된 신간회의 본래 명칭은 '신한회新韓會'였고, 1936년 만주에서 결성된 민족통일전선 조직은 '재만한인광복회'였다.

그렇다면 사회주의자들은 왜 봉건 왕조와 일제가 사용하던 조선을 선호했을까? 연구자들이 대체로 동의하는 임대식의 분석은 다음과 같다. 민족주의자들이 대한을 이미 선점한 데다 신세대였던 사회주의자들은 대한제국과 같은 구시대의 유산을 계승할 필요를 못 느꼈다는 것이다. 또 사회주의자들은 인민대중의 국가를 지향하고 있었기 때문에 인민대중에게 친숙한 조선 말고 다른 대안이 없었다고 한다.[26]

김명섭은 1920년대 초 윌슨주의에 대한 환멸, 임정의 쇠락 등으로 인해 사회주의자들 사이에서 조선이 재호명되었다고 했다.[27] '윌슨주의에 대한 환멸'이란 무엇을 말할까? 윌슨주의는 미국의 제28대 대통령인 우드로 윌슨Thomas Woodrow Wilson이 제창한 민족자결주의를 말한다. 제1차 세계대전 이후의 세계 질서를 구상하면서 식민지의 고통을 겪고 있던 약소국이 스스로 자신의 운명을 결정하게 해야 한다고 주장한 것이다. 이 같은 윌슨주의는 삼일운동에도 영향을 미쳤고 임정을 비롯한 독립운동 진영에도 희망을 안겨주었다. 그러나 미국, 영국 등 승전국들이 담합하는 바람에 민족자결주의는 독일, 오스만 제국 등 패전국의 식민지들에만 적용되는 결과로 이어졌다. 승전국의 일원인 일본이 한반도를 식민지로 고수하는 데는 아무런 문제도 없었다. 이는 윌슨주의에 기대를 걸었던 임정에 큰 타격을 주고, 국민대표회의의 개최와 임정의 분열을 가져오는 원인으로 작용했다.

근대성을 추구하고 민족국가의 영속성을 신봉하는 민족주의자들은 지적이고 논리적으로 국호의 고유 칭호에 접근하는 경향을 보인다. 반면 국가를 무착취사회로 가는 과도적 단계로 여기는 사회주의자들은 논리보다는 인민과의 교감에 치중한 셈이다. 이처럼 우익과 좌익의 예비 국호로 일찌감치 갈라선 (대)한과 조선은 독립운동 과정에서부터 대결을 벌였다.

1935년 난징에서 좌우가 함께하는 민족통일전선을 결성할 때 그 명칭으로 우익은 '한국민족혁명당'을 주장하고 좌익은 '조선민족혁명당'을 주장했다. 결국 합의에 이르지 못한 양측은 중국 관민官民을

1부 대한과 조선은 어디에서 왔는가?

상대로는 '한국', 국내 민중을 상대로는 '조선'을 쓰기로 했다.[28] 1937년 우익이 탈퇴하자 김원봉이 이끌던 좌익은 조선민족혁명당으로 명칭을 일원화했다.[29] 조선민족혁명당은 1941년 임정에 합류한 뒤에는 임정 내의 여당인 한국독립당과 경쟁하기도 했다.

'장칠손삼蔣七孫三' — 임정 유감

임정의 분열은 민족해방투쟁사에 커다란 아쉬움을 남긴 사건이다. 여기에는 꼭 짚고 넘어가야 할 문제가 있다. 초기 임정의 대통령은 민족주의자 이승만, 국무총리는 사회주의자 이동휘였다. 우익이 주도하고 좌익이 참여하는 일종의 좌우 동거 정부였다. 그러나 임정은 좌익을 포용하지 못하고, 좌익은 임정을 적대시한 나머지 대한이라는 칭호와도 담을 쌓았다.

이 같은 임정의 행보는 똑같이 민국이라는 칭호를 국호에 포함시킨 쑨원의 중화민국과 대조를 이룬다. 쑨원은 소련과 연대하고 공산당을 포용한다는 '연소용공聯蘇容共' 노선을 채택했다. 중국을 반식민지 반봉건 상태로 전락시킨 제국주의 열강과 군벌에 맞서기 위해서였다. 1924년 1월 쑨원은 소련의 제의를 받아들여 중국공산당과 제1차 국공합작을 성사시켰다. 중국공산당 역시 쑨원의 뜻을 높이 받들어 중화라는 민족적 칭호를 그대로 사용하고 훗날 대륙을 장악했을 때에도 중화민국의 정통성을 계승하고자 했다. 1949년 10월 수립된 중화인민공화국이 약칭으로 중화민국을 사용하는 방안을

고려할 정도였다.[30]

쑨원이 죽은 뒤 중화민국의 정권을 장악한 장제스蔣介石는 상하이에서 반공 쿠데타를 일으켜 제1차 국공합작을 깼다. 장제스는 일본군이나 군벌보다 중국공산당을 더 싫어할 정도로 극단적인 반공주의자였다. 임정이 점점 우경화의 길을 간 것은 이 같은 장제스의 영향권에 들어 있었던 탓이기도 했다. 임정의 노선은 반제·반봉건의 대의를 위해 좌익을 포용하려 했던 쑨원보다는 반공주의자 장제스 쪽으로 더 기울어갔다. 굳이 비율을 따지자면 '장칠손삼蔣七孫三', 즉 장제스가 70퍼센트, 쑨원이 30퍼센트였다고나 할까?

이처럼 '쑨원은 적고 장제스는 많았던' 임정의 행보는 훗날 민족적 칭호마저 달리하며 갈라진 분단의 역사를 생각할 때 진한 아쉬움을 남긴다. 임정이 통합임시정부로 출범할 때 대한민국은 좌우를 망라한 모든 독립운동 세력의 예비 국호로 촉망받았다. 그러나 임정은 시간이 갈수록 세력과 영역을 잃어가고 대한민국은 여러 독립운동 진영이 내거는 예비 국호들 가운데 하나로 상대화되고 말았다.

그래도 대한민국은 끝내 잊히지 않고 살아남아 구식민지 중에서도 드물게 경제성장과 민주화를 동시에 이룩한 나라의 국호가 되었다. 간난신고의 세월을 이겨낸 임정의 공이다. 특히 강인한 의지를 발휘해 임정의 처음부터 끝까지 버팀목 역할을 해낸 김구의 뚝심과 지도력에 경의를 보내지 않을 수 없다.

어쩌면 그렇기 때문에 더욱 더 임정이 '장칠손삼'에 머물렀던 것이 아쉽게 다가온다. 해방 후 분단이 가시화되던 1948년 4월, 김구는 수많은 반대를 무릅쓰고 북으로 올라가 김일성金日成을 만났다. 삼팔선을 베고 쓰러질지언정 단독정부에는 협력하지 않고 통일조국의 제단에 온몸을 바치겠다는 결기에서 나온 행동이었다. 그와 같은 포용의 결기가 임정 시절에는 왜 나타나지 않았을까? '지금 알고 있는 것을 그때도 알았더라면'이라는 시구가 떠오른다. 물론 변화무쌍한 역사의 구체적 조건들을 무시하고 가정법을 남발하는 것은 도리어 역사의 올바른 이해를 해칠 것이다. 그러나 김구의 간절함에도 불구하고 대한민국이 분단국가의 국호로 귀결된 역사를 돌아보면 그 옛날 임정의 분열은 아쉬움을 넘어 아프게 다가올 수밖에 없다.

2장 조선민주주의 인민공화국의 기원

앞에서 살펴본 것을 잠시 정리해보자. 대한민국임시정부로 통합되는 듯했던 독립운동은 1920년대 초에 노선 갈등으로 분열했다. 그때 임정에 불만을 느낀 좌익 사회주의 계열은 단체 이름이나 예비 국호에서 (대)한이 아닌 조선을 주로 사용하기 시작했다. 그때 시작된 대한과 조선의 분립은 끝내 남북한 국호의 분립으로까지 이어지고 말았다.

여기서 우리는 다시 한 번 국가의 본질에 대한 민족주의 계열과 사회주의 계열의 인식이 서로 다르다는 데 주목해야 한다. 민족주의 계열은 민족국가를 최종 목표이자 영속해야 할 공동체로 본다. 그들에게 대한이냐 조선이냐 하는 민족적 칭호는 절대적 중요성을 지닌다. 반면 사회주의 계열은 국가 자체를 계급 지배의 도구로, 무계급 사회로 가는 길에서 소멸할 기구로 간주한다. 그들에게는 민족적 칭호보다 국가의 계급성과 역사적 단계를 지시하는 칭호가 더 중요하다. 민족해방이라는 당면 과제를 생각할 때 민족적 정체성을 표현하는 이름도 중요하지 않은 것은 아니다. 그러나 사회주의를 향한 길에서 향후 수립될 국가가 어느 단계에 놓일 것인가 하는 문제가 사회주의자들에게는 훨씬 더 중요했다. 따라서 사회주의자들이 북한의 국호에서 더 의미를 부여한 부분은 조선이 아니라 민주주의인민공화국이라 할 수 있다.

그렇다면 북한은 사회주의자들이 세운 나라인데 왜 '사회주의공화국'이 아닌 민주주의인민공화국이란 정체와 국체를 갖게 되었을까? 이 문제를 이해하기 위해서는 잠시 세계 사회주의의 역사를 살펴보아야 한다.

인류 역사상 최초의 사회주의 국가는 소련이다. 소련은 소비에트사회주의공화국들의 연방을 뜻하고, 소비에트는 노동자, 농민 등의 평의회를 뜻한다. 이처럼 소련이라는 국호에는 조선이니 일본이니 하는 민족적, 지역적 정체성을 가리키는 칭호가 없다. 국호를 이렇게 정한 것은 향후 여러 민족이 각자 소비에트공화국을 세워 소련이라는 연방에 가입할 수 있도록 하기 위해서였다. 가령 중국이 사회주의 국가를 수립하게 되면 '중화소비에트사회주의공화국'이라는 이름으로 소련에 가입하게 되는 것이다. 이 같은 논리 위에서 소련 법학자 마케로프스키는 소련을 세계의 어떤 민족이나 국가에 한정되지 않고 지구 전체를 포함하는 명칭으로 해석했다.[31]

그러나 제2차 세계대전 종전 후 아시아와 동유럽에서 사회주의를 지향하며 세워진 나라들은 소비에트사회주의공화국이 아니라 '민주공화국'이나 '인민공화국'이었다. 왜 그렇게 되었을까? 소련을 축으로 전개된 세계 사회주의 운동이 그 지역들의 낮은 발전 단계를 감안해서 국가건설론을 수정해나갔기 때문이다. 북한이 사회주의를 지향하면서도 민주주의인민공화국을 국호로 채택한 데는 이 같은 내력이 있었다.

민주주의인민공화국에 들어 있는 세 단어는 일제강점기 세계 사회주의 운동의 흐름 속에서 각각 새로운 의미를 획득해나갔다. 북한 정권 수립 과정에 주도적으로 참여한 정치 세력들이 독립운동기에 전개한 국가건설론에는 그 의미의 변천 과정이 고스란히 녹아 있다.

1. 민주공화국과 인민공화국

식민지 사회주의자들이 해방 후 세울 나라는 사회주의공화국이 아니라 민주공화국이나 인민공화국이다? 언뜻 잘 이해가 안 되는 이 논리의 근거는 1920년 7월에 열린 코민테른 제2차 대회에서 제시되었다. 코민테른은 '공산주의인터내셔널'이라는 뜻으로 전 세계 공산주의자들의 국제적인 협력을 추진하고 지휘하는 조직이다.* 코민테른은 칼 마르크스Karl Heinrich Marx, 1818~1883가 참여한 제1인터내셔널(국제노동자연합), 마르크스 사후 결성된 제2인터내셔널에 이어 제3인터내셔널로도 불린다. 1864년 영국 런던에서 결성된 제1인터내

---

* 공산주의는 엄밀히 따지면 사회주의와 구별되는 말이다. 러시아혁명 이래 사회주의는 공산주의의 전 단계라는 뜻으로 쓰이곤 한다. 이때 공산주의는 사적소유와 계급이 완전히 사라진 사회를, 사회주의는 아직 그와 같은 자본주의의 잔재가 남아 있는 사회를 가리킨다. 그런 의미에서 사회주의를 지향한다는 것은 궁극적으로 그다음 단계인 공산주의를 지향한다는 뜻이므로 이 책에 나오는 사회주의와 공산주의, 사회주의자와 공산주의자 사이에는 특별한 차이가 없다.

셔널은 최초의 국제적인 노동운동 조직으로 무정부주의, 사회주의 등 다양한 진보적 운동가들이 참여했다. 1889년 프랑스대혁명 100주년을 맞아 결성된 제2인터내셔널은 마르크스주의를 기반으로 성장한 사회주의운동의 국제 조직이었다. 노동절(5월 1일)과 세계 여성의 날(3월 8일)은 제2인터내셔널이 처음 선포한 것으로 유명하다. 제1차 세계대전이 발발하자 각국의 사회주의자들이 조국방위론을 내걸고 자국 정부에 협조하는 바람에 제2인터내셔널은 결집력을 잃고 1916년 해체되었다. 그 후 러시아혁명의 지도자 블라디미르 레닌Владимир Ильич Ленин, 1870~1924의 주도로 1919년 모스크바에서 결성된 것이 제3인터내셔널, 곧 코민테른이었다.

코민테른 제2차 대회의 의제 가운데 하나는 사회주의자들이 한국과 같은 식민지에서 벌어지고 있는 민족해방운동을 어떻게 볼 것인가 하는 문제였다. 레닌과 인도의 사회주의자 마나벤드라 로이 Manabendra Nath Roy 등이 이 문제를 놓고 격론을 벌였다. 그 결과 〈민족 식민지 문제에 대한 테제(민족·식민지 테제)〉가 채택되어 식민지 사회주의자들의 당면 과제를 부르주아민주주의혁명으로 규정했다.

부르주아민주주의혁명은 자본주의를 촉진하기 위한 혁명인데, 사회주의자들더러 그 혁명을 수행하라는 것이었다. 이처럼 모순적으로 보이는 규정은 식민지의 현실에 대한 인식에서 비롯되었다. 그것은 제국주의가 식민지에서 봉건 지주들과 결탁해 자본주의 발전을 억제한다는 인식이었다. 이런 현실에서 사회주의자들은 제국주의와 봉건제에 반대하는 모든 계급과 협력해 먼저 부르주아민주주의를 이룩하고 신속히 사회주의로 이행해야 했다.

이 같은 〈민족·식민지 테제〉는 일제강점기 사회주의 계열의 국가건설론에 결정적 영향을 미쳤다. 본래 이동휘 같은 초기 사회주의자들은 러시아혁명의 영향을 받아 소비에트공화국을 꿈꾸었다. 일제를 몰아내고 바로 사회주의 국가를 세우겠다고 생각한 것이다. 그런데 코민테른에서 당면 과제를 사회주의가 아닌 부르주아민주주의로 수정하라는 결의가 나왔다. 한국의 사회주의자들은 이 결의의 영향을 받아 소비에트의 꿈을 버리고 부르주아민주주의 단계에 조응하는 국가건설론으로 선회했다. 조선공산당이 구상한 민주공화국, 인민공화국 등이 그 사례이다. 여기서 훗날 민주주의인민공화국으로 수렴되는 국가건설론의 단초를 엿볼 수 있다.

민주공화국 중에도 제일 좋은 인민공화국

코민테른 제2차 대회는 1920년 7월부터 8월까지 러시아의 수도 모스크바에서 열렸다. 여기서 코민테른은 〈민족·식민지 테제〉를 채택하고 식민지와 후진국에서 부르주아적 성격을 갖는 혁명적 해방운동을 지원하기로 했다. 물론 명색이 사회주의자들인데 부르주아운동을 무조건 지원하라는 것은 아니었다. 그 과정에서 프롤레타리아당의 구성인자들을 결집해 그들의 특수한 임무를 인식하도록 교육한다는 전제가 있었다. 특수한 임무란 부르주아민주주의적 경향에 맞서 싸우는 것을 말한다.[32] 그러니까 부르주아적 민족해방운동을 지원하는 동시에 궁극적으로 부르주아민주주의를 넘어 사회주의로 진군할 투사들을 양성하겠다는 것이었다.

〈민족·식민지 테제〉를 기초한 사람은 레닌이었다. 까다로운 전제조건을 달기는 했지만, 세계 사회주의 운동의 지도자인 그가 식민지의 부르주아 운동을 지원해야 한다고 생각한 이유는 무엇일까? 그것은 앞서 살펴본 대로 식민지에서 제국주의가 자본주의 발전을 억제하고 있다는 인식에 기인한다. 식민지에서는 자본주의가 억제되고 있으므로 자본주의를 추구하는 부르주아지에게도 일정한 진보성이 있다고 본 것이다.

〈민족·식민지 테제〉가 나오기 전에 한인사회당을 비롯한 초창기 한국의 사회주의 단체들은 프롤레타리아독재론에 입각한 소비에트 국가 수립을 지향했다. 이는 식민지 조선의 정세와 사회경제적 조건을 구체적으로 분석한 결과라기보다는 러시아혁명의 경험을 식민지 조선에 기계적으로 대입한 소산이었다.[33] 이 같은 소비에트 국가건설론은 러시아혁명의 공식을 무비판적으로 한국의 현실에 적용하려 했다고 해서 '공식주의'라고 불린다. 〈민족·식민지 테제〉의 영향을 받으면서 그러한 공식주의적 국가건설론은 부르주아민주주의혁명 단계의 국가건설론으로 전환될 수밖에 없었다.

코민테른 제2차 대회가 끝난 뒤 1년여의 시간이 흐른 1921년 11월, 모스크바에서는 사회주의 운동과 아시아 민족해방운동의 연대를 모색하는 동방노력자대회가 열렸다. 이 대회에는 결정권을 가지는 대표 123명이 참여했는데 그 가운데 한인이 무려 54명을 차지

했다. 그들은 한국광복단, 한인공제회, 서울의 노동조합 조직, 이르쿠츠크계 사회주의자 등 다양한 이념적 스펙트럼을 보였다.[34] 한인 외에도 중국, 인도 등지에서 수많은 사회주의자, 대중운동가가 모여 열띤 토론을 벌였다. 그들은 〈민족·식민지 테제〉를 각자의 나라에서 구체화해나가기로 결의했다. 그해 7월 23일 창당한 중국공산당은 그 후 쑨원이 이끄는 국민당과 국공합작에 합의했다. 1925년 4월 25일 창당한 조선공산당도 민족해방을 당면 과제로 삼고 민족통일전선의 결성을 촉구하고 나섰다.

조선공산당은 코민테른의 일국일당 원칙에 따라 한국의 사회주의 운동을 통합 지휘할 목적으로 서울에서 결성되었다. 조선공산당은 〈민족·식민지 테제〉에 따라 민족통일전선을 통해 '민주공화국'을 건설하자고 주장했다. 민주공화국은 어떤 성격을 띠는 나라를 말할까? 1926년 7월 중앙집행위원회 명의로 상하이에서 발표된 〈조선공산당선언〉의 강령에서 짐작할 수 있다.

그 강령에 따르면 최고 권력인 입법부는 직접·비밀·보통·평등 선거를 통해 건설된다. 민주공화국에서는 양심·언론·출판·집회·결사·동맹파업의 자유가 보장되고 문벌이 타파되며 여자들이 모든 압박에서 해방된다.[35]

이런 내용만 보면 조선공산당이 추구하는 민주공화국은 임정이 추구하는 부르주아 민주공화국과 거의 차이가 없다. 〈민족·식민지 테제〉가 강조한 사회주의자들의 '특수한 임무'를 어떻게 수행할 것인지도 알 수 없다. 그런데 선언의 끝 부분에서 흥미로운 내용이 보인다. 민주공화국 대신 '인민공화국 만세'가 슬로건으로 등장하는 것이다.

서로 다른 문서도 아니고 하나의 문서에서 처음에는 민주공화국이라고 했다가 끝에서는 인민공화국이라니? 도대체 여기서 말하는 민주공화국과 인민공화국의 관계는 무엇일까? 당시 동호同好라는 필명으로 활동하고 있던 조선공산당 중앙집행위원 조동호趙東祜는 이렇게 해설한다. 〈조선공산당선언〉이 요구하는 것은 '민주공화국 중에도 제일 좋은 인민공화국'[36]이라고.

동호의 해설은 민주공화국에도 여러 종류가 있는데 그중에서 제일 좋은 유형이 인민공화국이라는 뜻으로 읽힌다. 인민공화국이 왜 제일 좋은 민주공화국일까? 역사학자 서중석은 "이 선언에서 사용한 인민공화국이란 인민적 성격이 강한 민주공화국"[37]일 것이라고 짐작한다. 그렇다면 '인민적 성격'이 도대체 무엇이기에 민주공화국 중에서도 제일 좋다는 말일까? 이 의문에 관해서는 또 다른 역사학자 임경석의 분석을 참고할 필요가 있다.

'민주공화국'이란 반일 민족통일전선에서 프롤레타리아트가 헤게모니를 직접적으로 관철하지는 못하지만 공산당의 정치적·조직적 독자성을 유지하는 경우의 정권형태를 지칭하는 것으로 해석된다. (…) 그 반면에 '인민공화국'이란 통일전선에서 노동계급의 헤게모니가 관철된 경우로서 '노농민주독재' 그 자체를 표상하는 정권형태를 뜻하는 것이었다.[38]

민주공화국은 노농계급을 대표하는 공산당이 참여하기는 하지만 헤게모니(주도권)를 장악하지는 못한 국가이고, 인민공화국은 공산당이 주도하는 국가라는 말이다. 여기서 훗날 북한의 국호에 함께 들어가는 민주주의와 인민의 정치적 함의를 짐작해볼 수 있다.

사회주의자들에게 인민은 국민 일반이 아니라 노동자, 농민 등 억압받는 계급을 의미한다. 그러한 인민은 공산당의 지도 아래 독자성을 유지하면서 부르주아민주주의혁명을 위한 민족통일전선에 참여할 수 있다. 이처럼 인민이 참여하는 통일전선 정권 일반을 민주공화국이라고 하는 셈이다. 즉 민주공화국에서는 인민이 참여하되 헤게모니는 부르주아지에게 넘겨줄 수도 있다. 그러한 민주공화국에서 인민이 헤게모니를 행사하게 되면 곧 인민공화국이 된다는 것이다. 결국 민주(주의)는 민족통일전선의 코드이고, 인민은 노농계급 헤게모니의 코드인 셈이다.

혁명적 인민공화국

〈조선공산당선언〉에서 슬로건으로만 등장했던 인민공화국은 1년여의 시간이 흐른 뒤 좀 더 구체적인 형태를 띠고 제시되었다. 1928년 2월 열린 조선공산당 제3차 전국대회는 〈국제공산당(코민테른)에 보고하는 국내정세〉를 채택했다. 이 보고서는 당면 국가 건설 과제로 '혁명적 인민공화국'을 제시하고 있다.

이 대회 직후 조선총독부는 조선공산당을 해산하고 당원들을 검거한 뒤 위 보고서를 입수했다. 그 보고서에 따르면 혁명적 인민공화국은 '노농대중의 민주주의적 집권자를 갖는 인민공화국'[39]이다. 일본어로 번역하면서 무슨 말인지 알 수 없게 해놓았지만, 노동자와 농민이 민주적으로 권력을 행사하는 인민공화국이라는 뜻으로 보면 된다. 이 같은 혁명적 인민공화국의 권력 구조가 구성되는 방식은 다음과 같다.

> (중앙 권력인) 조직적 국민회의는 보통선거권 위에 소집되어야 한다. 도에서도 각각의 방법으로 도인민회의가 선출되어야 한다. 촌에서는 농민 및 소작인으로 이루어진 농민소비에트가 선출되어야 한다.[40]

여기서 주목되는 것은 '농민소비에트'라는 말이다. 앞서 코민테른 제2차 대회 이후 식민지 조선의 국가건설론에서 소비에트는 자취를 감췄다고 했다. 그런데 이 보고서는 혁명적 인민공화국을 건설한다면서 촌에서는 농민소비에트를 선출해야 한다고 주장하고 있다. 무슨 뜻일까?

보고서는 당시 식민지 조선의 정세를 다음과 같이 진단하고 있다.

> 현재 광범한 프롤레타리아 계급의 앞에 소비에트×××(공화국)을 건설하는 것은 불가능하다. 따라서 시민적 공화국을 건설하는 것도 불가능하다.[41]

이 말을 보면 촌 단위에서 농민소비에트를 선출한다고 해서 그것이 소련식 소비에트공화국을 의미하는 것은 아닌 게 분명하다. 당시 조선공산당은 부르주아민주주의혁명을 추구하고 있었다. 따라서 여기서 말하는 농민소비에트는 민족통일전선에서 인민의 헤게모니를 확보하기 위한 장치였다고 할 수 있다.[42]

그렇다면 조선공산당이 제시한 혁명적 인민공화국은 소비에트 공화국과 시민적(부르주아) 공화국 사이의 어딘가에 있는 형태라고 할 수 있다. 서중석은 "중앙정부형태는 부르주아민주공화국에 가깝고, 지방정권은 인민위원회 또는 소비에트에 가까운 것"[43]이라고 설명한다. 아무튼 지금 보아서는 대단히 애매하고 절충적이라고 할 수밖에 없다.

조선공산당은 당대의 내로라하는 사회주의 이론가들이 모인 집단이었다. 그런 집단에서 왜 이처럼 절충적인 인민공화국 형태를 제시했을까? 아마도 그들이 맞닥뜨린 식민지 조선의 현실은 코민테른의 진단과 꼭 들어맞는 것처럼 보이지 않았을 것이다. 그렇다고 해서 코민테른의 결정을 수긍할 수 없는 것도 아니고 그 결정을 거부할 수 있는 것은 더군다나 아니었다. 코민테른은 부르주아지와 통일전선을 결성하라고 하는데 도대체 어떤 부르주아지가 그렇게 믿을 수 있는 대상인가? 민족통일전선을 결성한다면 그 안에서 노동자·농민의 헤게모니는 어떻게 확보할 것인가? 이 어려운 문제들이 식민지 사회주의자들을 괴롭히고 있었다.

2. 소비에트 이야기

1920년대 세계 사회주의 운동은 식민지 사회주의자들에게 소비에트 건설을 포기하고 민족 부르주아지와 협력할 것을 요구하는 쪽으로 움직였다. 그러나 1920년대가 채 끝나기 전에 그러한 분위기가 반전되고 소비에트 건설론이 되살아났다. 1928년 7월에 열린 코민테른 제6차 대회가 그 계기였다.

코민테른 제6차 대회는 식민지 사회주의자들이 민족 부르주아지와 협력하는 문제를 재검토했다. 가장 큰 이유는 중국에서 장제스의 쿠데타가 일어나고 국공합작이 깨졌기 때문이다. 장제스는 쑨원의 후계자로 중국국민당의 지도자가 되었지만, 국공합작을 추진한 쑨원과 달리 강경한 반공주의자였다. 그는 1927년 4월 상하이에서 쿠데타를 일으켜 노동자 무장대와 총공회總工會*를 해산하고 공산당원과 노동자를 무자비하게 살육했다. 장제스와 국민당의 배신은 중국공산당에 시련을 안겨주고 코민테른에도 어려운 과제를 안겨주었다. 이 대회에서 코민테른은 식민지 민족 부르주아지를 심한 동요성을 지닌 존재로 규정하고 그들에게 '민족개량주의자'라는 딱지를 붙였다.[44] 명백한 좌선회였다.

이렇게 코민테른의 전술이 바뀌자 조선공산당의 민족통일전선 노선은 폐기되고 초기 사회주의자들 사이에서 반짝했던 소비에트

• '공회'란 노동조합을 말한다.

수립론이 되살아났다. 코민테른은 그해 12월 조선공산당을 재조직해야 한다는 이른바 〈12월 테제〉를 채택했다. 이 테제는 조선공산당에게 종전과 같은 인텔리 중심의 조직 방법을 버리고 공장, 농촌으로 파고들어가라고 요구했다. 노동자와 빈농을 조직하고 민족개량주의자들을 근로대중으로부터 고립시키라는 것이었다. 그에 따라 식민지 조선의 사회주의자들은 혁명적 노동조합, 혁명적 농민조합 건설과 같은 비합법적 민중 운동에 뛰어들었다. 1927년 2월 국내에서 어렵게 꾸려졌던 민족통일전선 단체 신간회는 이 같은 사회주의자들의 좌경 노선에 영향을 받아 1931년 해소되었다.

국외에서는 1932년 말부터 1933년 초까지 동만주 일대에 다섯 개의 소비에트 정권이 들어섰다. 이 무렵 만주의 정세는 격동하고 있었다. 1931년 9월 18일 일본은 만주사변을 일으켜 만주 전역으로 진격했다. 1932년 3월 1일에는 청의 마지막 황제였던 푸이(선통제, 1906~1967)를 꼭두각시 황제로 내세워 만주국이라는 괴뢰 정부를 세웠다. 한국인의 국외 활동 근거지였던 만주가 사실상 일본의 손아귀에 들어갔다는 뜻이다. 동만주 소비에트들은 코민테른 제6차 대회의 좌경 노선과 함께 이처럼 경색된 만주 지역의 정세를 그 배경으로 한다.

다섯 개의 동만주 소비에트 가운데 하나인 소왕청 소비에트는 김일성이 정치위원으로 있던 왕청유격대의 근거지였다. 이들 소비에트 정권은 일제 주구를 타살한다는 구호 아래 수많은 지주를 반혁명분자로 낙인찍어 죽이고, 부농의 재산까지 몰수했다. 그러자 반일 성향의 지주들도 소비에트에 등을 돌리고, 항일유격대는 무장한 지주들과 잦은 충돌을 빚으면서 적지 않은 손실을 입게 되었다.[45] 이처럼 1920년대 말 재등장한 소비에트 건설론은 민족통일전선을 부정하고 민족 부르주아지를 고립시키는 등 좌경화된 모습을 보였다. 그렇다고 해도 이때 식민지 조선에서 거론되던 소비에트는 초기 사회주의자들이 말하던 소비에트와는 성격이 달랐다. 초기 사회주의자들이 생각한 소비에트는 사회주의 국가였다. 그러나 1920년대 말에 제기된 소비에트는 사회주의를 곧바로 추구하는 정권 형태가 아니었다. 그것은 사회주의로 나아가기 전에 노동자와 농민이 헤게모니를 행사하면서 '반反봉건민주주의혁명'을 수행하는 단계를 의미했다.[46]

반봉건민주주의혁명이라는 것은 제국주의가 식민지에서 유지시키고 있던 봉건 체제를 완전히 청산하고 민주주의를 완성하는 혁명을 뜻한다. 그런 민주주의혁명을 노농계급이 주도해서 이룩하고 나면 그때 비로소 다음 단계인 사회주의로 나아갈 수 있다는 것이다. 요컨대 1920년대에 앞서거니 뒤서거니 하며 나온 인민공화국과 소비에트 노선의 차이는 민족 부르주아지와 협력하느냐 그들을 고립시키느냐 하는 것이었다. 인민공화국이 민족 부르주아지와 협력해 부르주아민주주의혁명을 수행한다면, 소비에트는 민족 부르주아지를 고립시킨 채 반봉건민주주의혁명을 수행하는 셈이다.*

---

* 이 시기 인민공화국과 소비에트 사이에는 사실상 큰 차이가 없었다는 해석도 있다. 코민테른 제6차 대회가 민족 부르주아지 고립 전술을 제시한 것은 사실이지만, 중국을 제외한 어떤 식민지·반식민지에 대해서도 이제는 민족 부르주아지와 결별할 때라고 명시하지 않았다고 한다. 이균영, 〈코민테른 제6회 대회와 식민지 조선의 민족문제〉, 《역사와

이처럼 1920년대 말에 다시 한 번 반짝한 소비에트 건설론은 1935년 코민테른 제7차 대회가 열린 뒤에는 쑥 들어간다. 그 대회에서 제6차 대회의 노선이 극좌 편향으로 비판받았기 때문이다. 그 후로는 민족 부르주아지를 고립시킨다든가, 소비에트를 건설한다든가 하는 논의는 식민지 조선의 사회주의자들 사이에서 점차 힘을 잃어갔다. 훗날 북한 국호의 제정 과정에서 소비에트라는 칭호는 전혀 고려의 대상이 아니었다.

3. 조선민주주의인민공화국의 정치적 뿌리

1920년대 중반부터 모습을 드러내기 시작한 파시즘은 1930년대 중반에 이르면 유럽 전역에 어두운 그림자를 드리우며 인류 전체를 위협하고 있었다. 사회주의자의 독자적 혁명 활동을 강조한 제6차 대회 결의는 파시즘의 위협 앞에서 힘을 잃어갔다. 1935년 7월 코민테른은 제7차 대회를 개최하고 그해 8월 20일 제6차 대회 결의를 수정하는 〈인민전선 테제〉를 내놓았다. 이 테제는 파시즘에 맞서 광범위한 인민을 결집해 싸우자는 내용을 담고 있었다.•

_____

현실》, 7(한국역사연구회, 1992), p. 308.
• 〈인민전선 테제〉의 정식 명칭은 〈파시즘의 공세와 파시즘에 반대하고 노동계급의 통일을 지향하는 투쟁에 있어서 코민테른의 임무〉. 코민테른 의장이던 불가리아 사회주의자 게오르기 디미트로프(Георги Михайлов Димитров, 1882~1949)의 이름을 빌려 〈디미트로프 테제〉라고도 부른다.

〈인민전선 테제〉는 식민지·반식민지 사회주의자들에게도 투쟁의 방향 전환을 요구했다. "식민지·반식민지국가들에서는 반제국주의 인민전선 결성을 위해 활동하는 것이 공산주의자의 가장 중요한 임무"라고 못 박은 것이다. 이를 위해서는 "민족개량주의자가 이끄는 대중적인 반제국주의운동에 적극적으로 참가하고 (…) 공동행동의 달성에 노력"[47]할 필요가 있다고도 했다.

그에 따라 국내외를 막론하고 식민지 조선의 사회주의자들 사이에서 민족통일전선에 입각한 국가건설론이 힘을 얻어갔다. 국내에서 여러 파벌로 나뉘어 전개된 조선공산당재건운동의 흐름은 해방 직후 박헌영의 〈8월 테제〉에서 제시된 '인민정부론'으로 수렴됐다. 만주에서 결성된 조국광복회의 '독립적 인민정부'는 해방 후 항일유격대 계열 국가건설론의 모태가 됐다. 화북에서 활약하던 조선독립동맹의 '자유·독립의 조선민주공화국'은 해방 후 조선신민당 계열의 국가건설론으로 자리 잡았다. 이들 세 집단과 그들의 통일전선 정부 구상은 훗날 조선민주주의인민공화국의 정치적 기원을 이룬다.

박헌영과 조선공산당

박헌영은 1939년 경성콤그룹을 조직하면서 국내의 조선공산당 재건운동에서 두각을 나타내기 시작했다. 해방 직후인 1945년 8월 20일 그는 〈현 정세와 우리의 임무(8월 테제)〉를 발표하고 민족통일전선인 '인민정부'의 수립을 당면 과제로 제시했다. 이를 바탕으로 조선공산당이 재건된 것은 그해 9월 11일이었다. 박헌영과 조선공산당은 처음에는 전국적 범위의 민족통일전선에 주력하다가 분단이 가시화되면서 북한 정권 창출에 적극 참여하게 된다.

1930년대 국내의 사회주의자들은 코민테른 제7차 대회의 〈인민전선 테제〉를 받아들이는 데 혼란을 느끼고 있었다. 그들은 1928년의 〈12월 테제〉 이후 혁명적 노동조합 등 험난한 대중 조직 사업을 벌이면서 조선공산당의 재건을 모색하고 있었다. 노동자·농민의 조직을 다지며 혁명을 준비하고 있었는데 이제 와서 '민족개량주의자'와 공동행동을 하라니, 어디 가서 그런 민족개량주의자를 찾는단 말인가? 그러다 보니 당시 유력한 사회주의자들의 노선을 보면 1935년 이후에도 여전히 노농소비에트를 국가 건설의 목표로 제시하는 사례가 적지 않았다.

1930년대 최대의 사회주의 파벌인 이재유李載裕 그룹은 코민테른 제7차 대회를 승인하면서도 노동자·농민의 소비에트 정부 수립을 당면 혁명의 중심 강령으로 내걸었다. 함경남도 원산을 중심으로 혁명적 노동조합운동을 하던 이주하李舟河, 김태범金泰範 등의 '원산 그룹'도 마찬가지였다. 1938년 9월 원산그룹이 발간한 《노동자신문》은 이렇게 주장하고 있다.

소비에트 정권은 노동자 농민 및 전 인민 정권이다. 조선 민중은 조선에 있어서 일본제국주의를 구축하고 노동자농민 및 피압박민중의 정권인 소비에트 정권을 수립하지 않으면 안 된다.[48]

이처럼 1930년대 후반에도 국내 사회주의자 그룹은 소비에트 정권을 목표로 내걸곤 했다. 그렇다면 그들은 인민전선을 구축하라는 코민테른 제7차 대회의 결의를 받아들이지 않은 것일까? 꼭 그렇지만은 않다. 그들도 당면 과제로는 소비에트로 가는 과도적 권력 형태로 통일전선 정권을 추구한 것으로 보이는 정황이 있기 때문이다.[49]

원산그룹은 당시 중국에서 전개되고 있던 민족해방통일전신이 일제를 타도하고 '민주주의공화국'의 건설을 가져올 것이라 전망하고 있었다. 중국에 대해 그렇게 전망했다면 국내에서도 민족해방전선을 통해 일제를 타도하고 민주주의공화국을 건설하려고 하지 않았을까? 물론 원산그룹이 명시적으로 민주주의공화국 수립을 목표로 제시한 적은 없다. 그러나 '노동자·농민·소시민·인텔리겐챠·토착부르주아지 등 전 인민'이 일제 타도의 방향으로 나아가야 한다고 주장한 적은 있다. 이를 고려할 때 원산그룹이 '과도적 통일전선 정부로서 민주주의공화국'을 추구했을 가능성이 없는 것은 아니다.[50]

〈인민전선 테제〉를 수용해 통일전선 정부의 수립을 당면 과제로 삼겠다고 나선 대표적인 사회주의 조직이 박헌영의 경성콤그룹이다. 경성콤그룹도 원산그룹처럼 언젠가는 노농민주독재의 권력 형태인 소비에트를 수립하겠다고 생각했다. 다만 그러한 노농민주독재로 가기 전에 과도적 단계로 통일전선 정권을 세우겠다고 나선 것이다. 그리고 이를 위해 조직 내에 '인민전선부'를 설치해 민족통일전선운동을 전개하려 했다.[51] 해방 직후 이 같은 과도적 통일전선 정부로서 인민정부의 수립을 제창한 것이 박헌영의 〈8월 테제〉였다.

〈인민정부〉에는 노동자 농민이 중심이 되고 또한 도시소시민과 인텔리겐챠의 대표와 기타 모든 진보적 요소는 정견과 신교와 계급과 단체 여하를 물론하고 모두 참가하여야 하나니 즉 민족통일전선을 형성하여야 한다. 이런 정부는 일반 근로인민의 이익을 대표하는 기관이 된다. 이것이 점차 '노동자 농민의 민주주의적 독재정권'으로 발전하여서 혁명의 높은 정도로의 발전을 보장하는 전제조건을 만드는 것이니…….[52]

박헌영은 이처럼 노농계급을 중심으로 모든 진보적 요소를 한데 모아 민족통일전선(인민정부)을 결성하는 '부르주아민주주의혁명'이 '우리의 임무'라고 보았다. 먼저 인민정부를 수립하고 이를 노농 독재정권으로 발전시키는 것이 해방 직후 박헌영과 조선공산당 세력의 국가건설론이었던 것이다. 그들은 9월 6일 여운형의 건국준비위원회 계열과 함께 조선인민공화국의 수립을 주도하고, 이를 통해 그 임무를 관철시키고자 노력하게 된다.

김일성과 조국광복회

1930년대 이후 중국에서 항일독립운동을 펼친 주요 세력으로는 난징을 중심으로 한 임정, 화북의 '연안파', 만주의 항일유격대를 꼽을 수 있다. 이 가운데 항일유격대와 연안파는 북한 정권의 수립에서 중요한 역할을 담당하게 된다. 김일성의 정치적 근원을 이루는 항일유격대는 만주 지역 중국공산당을 중심으로 한 동북항일연군에 참여하면서 조국광복회라는 민족통일전선을 결성했다. '독립적 인민정부'의 수립을 내세운 조국광복회 강령은 훗날 북한에서 국가 운영의 금과옥조로 떠받들어지게 된다.

항일유격대가 참여한 동북항일연군은 어떻게 만들어졌을까? 그 유래는 코민테른 제7차 대회가 열리고 있던 1935년 8월 1일로 거슬러 올라간다. 이 대회에 참가한 중국공산당 대표단은 모스크바에서 〈항일구국을 위해 전체동포에게 고하는 글〉을 발표했다. 이른 바 〈8·1선언〉이다. 여기서 그들은 "홍군(중국공산당의 군대)과 동북인민혁명군 및 각종 반일의용군이 모두 함께 전 중국의 통일적 항일연군을 조직하자"[53]고 호소했다.

이 같은 내용의 〈8·1선언〉은 1931년부터 일본의 침략을 받았던 만주에서 적극 수용되었다. 만주의 좌익 계열 항일 무장 세력은 〈8·1선언〉 이전부터 이미 동북인민혁명군을 결성해 일본과 싸웠다. 그들은 〈8·1선언〉 이듬해인 1936년 2월 20일 동북항일연군의 결성을 선언했다. 동북항일연군은 한인을 포함해 만주에서 일본의 침략과 맞서 싸우는 이민족의 참여를 환영했다. 그에 따라 남만주와 동만주에서 활약하던 한인 유격대도 다수가 동북항일연군에 참가했다.

동북항일연군과 연계해 활동하던 한인 유격대들은 1936년 초여름, 뜻을 모아 민족통일전선 조직인 조국광복회를 결성했다. 그때 김일성은 동북항일연군 제1로군 제6사의 사장師長을 맡았다. 바로 그 제6사가 백두산 일대를 활동구역으로 삼아 조국광복회의 결성을 실질적으로 추진하는 임무를 담당했다.* 1937년 6월 4일 김일성 부대가 국내로 진공해 벌인 보천보 전투는 국내에 침투한 조국광복회 조직이 없었다면 불가능한 일이었다. 당시 김일성 부대는 국내조직인 갑산공작위원회와 협조해 보천보(지금의 양강도 보천군 보천읍)의 주재소 등을 공격하고 〈재만한인조국광복회 10대강령〉 등이 기재된 문서를 부락에 배포했다.

　김일성 세력의 국가 구상이라고 할 수 있는 독립적 인민정부는 조국광복회의 10대 강령에 등장한다. 강령은 "강도 일본제국주의의 통치를 전복하고 진정한 한국의 독립적 인민정부를 수립"[54]한다는 운동 목표를 제시하고 있다. 이 강령의 초안은 동북인민혁명군 제1군 제2사의 정치부 주임을 지냈던 오성륜吳成崙이 작성한 것으로 알려졌다. 1970년대 북한에서 발간된《김일성저작집 1》에도 조국광복회 강령이 수록되어 있다. 여기에는 '한국의 독립적 인민정부'가 '진정한 조선인민정부'로 되어 있다.[55] 초안과 비교할 때 한국을 조선으로 바꿔 표기한 것을 빼면 전체적으로 대동소이하다.

　오성륜이 작성한 초안에서 국호를 조선이 아닌 한국으로 표기한 것이 사실이라면, 이는 조국광복회가 좌우를 망라한 민족통일전선 조직이었기 때문일 것이다. 앞서도 살펴본 것처럼 독립운동기에 사회주의 계열은 자신들의 단체명에 조선을 주로 쓰면서도 민족통일전선 조직에는 '한'이라는 칭호를 사용하곤 했다. 김일성 부대가 보

●　신주백, 〈(사실, 이렇게 본다 2) 조국광복회운동〉,《내일을 여는 역사 (2)》, 2000, p. 94.
　북한에서는 조국광복회가 1936년 5월 5일 김일성에 의해 창립되었다고 설명한다.

천보에서 〈재만한인조국광복회 10대 강령〉을 배포한 사실은 1949년도 북한의 공식 연감에도 기록되어 있다.[56] 북한에서도 정권 초기에는 조국광복회가 '한인'이라는 칭호를 사용했다는 사실을 객관적으로 받아들이고 있었던 셈이다.

조국광복회 강령의 내용을 좀 더 살펴보자. 일본인 재산 몰수, 민족적 공·농·상업 발전, 언론·출판·사상·집회·결사의 자유, 남녀·민족·종교·교육 등의 차별 금지, 8시간 노동제 등이 규정되어 있다. 이 같은 내용을 담은 조국광복회 10대 강령은 훗날 북한에서 국가 건설과 운영의 기본 원칙으로 받들어지게 된다. 따라서 조국광복회에서 제시된 인민정부는 북한의 정부 수립 과정을 이해하는 데 핵심적인 개념 중 하나라고 할 수 있다.

이처럼 독립적 인민정부를 내건 조국광복회의 활동은 해방까지 이어지지 못했다. 일제가 보천보 전투는 국내의 협력자 없이 불가능했으리라 판단하고 철저한 검색을 벌인 결과 1938년 7월 조국광복회가 와해되고 말았기 때문이다. 그 이듬해인 1939년 10월 일본군이 유격대 대토벌에 나서자 동북항일연군 제1로군은 유격대를 분산해 역량을 보존하기로 결정했다. 그로부터 다시 1년 뒤 김일성이 이끄는 부대는 안투安圖에서 북상해 소련으로 진입함으로써 유격대 활동을 사실상 마무리하게 된다.

김일성은 소련군이 국제여단으로 창설한 제88독립보병여단에 소속돼 활동하다가 해방 후 소련군과 함께 북한 지역으로 들어왔다. 1945년 10월 13일 그는 박헌영이 이끌던 조선공산당의 북한 지역

분국을 평양에 설치하는 데 주도적 역할을 했다. 바로 그 조선공산당 북조선분국을 창설하는 자리에서 김일성은 다음과 같이 연설한다.

> 우리가 할 역할은 전 힘을 다하여 민족통일정권을 수립해야 한다. 이곳에는 자본가도 참여한다. 민족적 독립과 인민의 생활을 높일 정부를 내세워야 한다. 첫째의 임무를 마치고 우리는 둘째의 임무로 들어가야 한다. 그 역량을 첫 임무에서 구비해야 한다.[57]

여기서 말하는 '민족통일정권'은 조국광복회에 나오는 인민정부와 같은 것으로 보인다. 박헌영의 〈8월 테제〉에 나오는 인민정부와도 유사하다. 그러나 〈8월 테제〉와 위 김일성의 연설 사이에는 차이점도 엿보인다. 〈8월 테제〉에는 인민정부에 자본가가 참여한다는 표현이 없는데, 김일성의 연설에서는 자본가의 참여를 명시적으로 못 박고 있다. 또 박헌영의 인민정부는 노농독재정권으로 가는 과도기로 설정된 반면, 김일성의 구상에서는 인민정부(민족통일정권)가 곧 노농독재정권이라고 한다.[58] 민족통일정권에서 노농독재를 실시해 '첫째의 임무(반제반봉건민주주의혁명)'를 마치고, '둘째의 임무(사회주의혁명)'로 들어간다는 것이다.

김일성의 구상은 코민테른의 디미트로프 의장이 한 다음과 같은 말을 연상시킨다.

> 부르주아민주주의혁명이 발전하는 나라들에서는 인민전선정부는 프

롤레타리아트와 농민의 민주주의적 독재 정부가 될 수 있을 것이다.[59]

박헌영과 김일성의 국가건설론 사이에 실질적인 차이가 얼마나 있었는지는 논란이 있다. 적어도 해방 직후의 현실 정치에서는 박헌영이 남북을 아우른 전체 조선공산당의 지도자로 인정받았던 것이 분명하나. 그러나 김일성은 점차 녹자 노선을 주구하면서 박헌영의 조선인민공화국과는 다른 정권 조직을 북한 지역에서 건설해 나간다. 그것이 우여곡절을 거쳐 북한의 단독정부인 조선민주주의인민공화국으로 이어지게 되는 것이다.

김두봉과 조선독립동맹

1937년 7월 7일 중일전쟁의 발발을 계기로 제2차 국공합작이 단행되면서 반일통일전선은 중국 전역으로 확대되었다. 그때 중국공산당의 심장부인 화북의 연안延安 일대에서 조선독립동맹을 결성해 중국공산당과 항일연합전선을 펼친 사람들이 바로 연안파였다.

조선독립동맹은 김일성 부대가 만주에서 퇴장한 직후인 1942년 7월 역사의 무대에 등장했다. 김두봉金枓奉, 최창익崔昌益, 무정武亭 등이 그 주역이었다. 무정은 중국공산당원으로 항일투쟁을 수행하고 있었고, 김두봉·최창익 등은 조선민족혁명당에서 활동하다가 김원봉과 노선을 달리해 무정과 힘을 합쳤다. 조선민족혁명당 지도자 김원봉은 1941년 장제스의 권유를 받아들여 충칭의 임정에 참여하기로 결정했다. 이를 전후해 김원봉과 뜻을 달리한 김두봉 등이 중국공산당세력권으로 넘어간 것이다.

조선독립동맹은 강령에서 '독립·자유의 조선민주공화국을 건립함'을 목적으로 했다. 여기서 '조선민주공화국'은 전 국민의 보통선거에 의해 건립되는 민주 정권이다. 이 민주 정권에서는 '언론·출판·집회·신앙·사상·태업의 자유'가 보장되고 '국민인권존중의 사회제도'가 실현된다. 또 일제의 자산과 토지를 몰수하고 일제와 관련된 대기업을 국영으로 귀속시키며 토지분배를 실행한다. 8시간 노동제와 함께 사회노동보험을 실시하고, 인민에 대한 부역 및 잡세를 폐지하고 통일누진세 제도를 수립한다.[60]

조선독립동맹이 내세운 조선민주공화국은 마오쩌둥毛澤東이 1940년 1월《신민주주의론》에서 제시한 '중화민주공화국'의 자매편이었다.《신민주주의론》은 자산계급독재의 공화국을 구민주주의 국가로, 몇 개 혁명적 계급에 의한 연합독재의 공화국을 신민주주의 국가로 규정한다. 여기서 '자산계급'이란 부르주아지, 즉 자본가 계급을 가리킨다. 프랑스혁명과 같은 시민혁명을 통해 탄생한 유럽의 공화국들을 구민주주의 국가로 묘사한 것이다.

《신민주주의론》에 나오는 중화민주공화국의 '민주'는 곧 신민주주의를 말한다. 마오쩌둥에 따르면 신민주주의 국가는 식민지·반식민지 국가의 혁명이 취하는 과도기적 형태다. 중국에서 그것은 곧 제국주의에 반대하는 몇 개의 계급들이 연합하는 항일통일전선의 형태를 띤다.[61] 이처럼 신민주주의는 반식민지 상태에서 민족해방투쟁을 수행한 중국의 경험을 담았다는 점에서 식민지 조선의 사회주의자들에게도 호소력이 컸다. 이는 해방 후 민주주의 개념이 정립되고 그것이 북한의 국호에까지 삽입되는 과정에서 적잖은 영향을 미친다.

특기할 것은 마오쩌둥이 신민주주의 공화국을 "3대 정책을 실시하는 신삼민주의공화국이며 명실名實이 부합되는 중화민국"[62]이라고 규정하고 있다는 사실이다. '삼민주의'란 '민족, 민권, 민생'을 의미하는 쑨원의 핵심 이념이다. 마오쩌둥은 신민주주의를 통해 쑨원의 삼민주의를 계승하고, 장제스가 퇴행시킨 중화민국의 가치를 구현하겠다고 선언한 것이다. 따라서 중화민주공화국은 중화민국이 시작한 진보의 대로에 서 있는 나라로, 제국주의에 반대하는 여러 계급의 통일전선을 통해 건설된다. 중화민국과 중화민주공화국의 이같은 연결 고리가 대한민국과 조선민주공화국 사이에는 있을 수 없었는지 궁금해지는 대목이다.

조선독립동맹은 해방 후 북한에 들어가 조선신민당으로 개칭하고 화북 시절에 제시했던 조선민주공화국을 그대로 예비 국호로 내걸었다. 조선신민당은 진보적 지식인을 다수 포용해 노동자·농민 중심의 조선공산당과 협력적 경쟁관계를 형성했다. 1946년 하반기 들어 조선신민당은 남쪽에서는 박헌영 계열과 합당해 남조선로동당(남로당)을, 북쪽에서는 김일성 계열과 합당해 북조선로동당(북로당)을 결성한다. 그리고 종국에는 조선민주공화국과 조선인민공화국을 합친 모양새의 '조선민주주의인민공화국'을 국호로 내걸고 북한 정권의 창건에 참여하게 된다.

2부

해방 공간의
통일 국호 쟁탈전

해방이 "우리가 자고 있을 때에 도둑같이 왔다." 라는 함석헌의 말처럼 8·15 해방은 한국인의 자주적 노력에 의해 성취되지 않았다. 국내외에서 해방을 위해 분투한 독립운동 세력은 많았다. 그러나 그들 사이에 통일적 지도력이 형성되지 않은 채 외세에 의해 해방이 이루어진 것은 통일독립국가의 건설에 엄중한 장애를 조성했다. 해방 후 난립한 정치·사회 세력 간에 통일독립국가의 국호 논의가 어지럽게 펼쳐진 것은 당연한 일이었다.

한반도를 해방시킨 외세는 제2차 세계대전에서 독일, 일본 등의 파시스트 국가들과 맞서 싸운 연합국이었다. 1943년 11월 27일 미국, 영국, 중국 등의 연합국 수뇌들은 이집트의 카이로에 모여 일본을 패퇴시킨 뒤 '적당한 시기에in due course' 한국인을 독립시킨다는 데 합의했다. 문제는 '적당한 시기'가 도대체 언제냐는 것이었다. 적어도 일본 항복 직후는 아니었다. 연합국 중에서도 최강대국이었던 미국과 소련은 전후 질서를 함께 잡아 나갈 협조자이자 그 전후 질서의 패권을 놓고 겨룰 경쟁자였다. 그들이 동아시아에서 부딪치는 전선은 하필이면 패전국 일본이 아니라 한반도였다. 일본이 항복한 1945년 8월 15일 미국은 "북위 삼팔선을 경계로 미소 쌍방이 일본군

으로부터 항복을 받는다."라는 연합군 일반명령 제1호를 발령하고 이를 소련에 통보했다. 소련공산당 서기장 이오시프 스탈린Иосиф Виссарио́нович Ста́лин은 약간의 논란 끝에 이를 받아들였다.

그에 따라 삼팔선 남북에 미군과 소련군이 진주하면서 한반도는 인위적으로 분할되고 '적당한 시기'는 미궁에 빠졌다. 수많은 정치 세력이 미소의 전후 세계 전략에 견인되며 이합집산하는 데 따라 국호 논의도 춤을 추었다. 대한민국, 고려공화국, 조선인민공화국, 조선민주공화국 등 다양한 예비 국호가 백화제방의 형세를 띠었다. 분단이 가시화되면서는 국호 논의도 남북이라는 지역에 갇혀 이루어지게 된다.

이 같은 해방 후 예비 국호들의 경쟁을 바라볼 때 놓쳐서는 안 되는 관점이 있다. 오늘날 대한민국과 조선민주주의인민공화국은 각각 남한과 북한의 국호로 인식되지만, 그 둘을 포함한 예비 국호들은 분단을 전제로 제출되지 않았다는 사실이다. 모든 예비 국호는 언제가 될지 모를 '적당한 시기'에 통일독립국가의 국호가 될 목적으로 세상에 나타났다.

미국의 루스벨트 대통령(사진 앞줄 가운데), 영국의 처칠 수상(오른쪽), 중국의 장제스 총통(왼쪽)은 1943년 11월 22일부터 26일까지 이집트의 카이로에 모여 일본이 점령한 지역의 전후 처리 문제를 논의했다. 11월 27일 세 수뇌는 '적당한 시기에(in due course)' 한국인을 독립시킨다는 내용이 포함된 〈카이로선언〉에 합의했다. '즉각'이란 말 대신 채택된 '적당한 시기'가 암시하고 있는 것처럼 해방 후 한반도는 한동안 강대국의 세력 대결장이 되었고, 수많은 정치 세력이 통일독립국가의 주도권을 놓고 백가쟁명하는 무대가 되었다.

1장 예비 국호들의 백화제방

해방 직후 백화제방의 형세를 띤 예비 국호들 가운데 두각을 나타낸 것은 '대한민국'과 '조선인민공화국'이었다. 양자는 독립운동기의 논의를 이어받아 우익 민족주의 계열과 좌익 사회주의 계열의 예비 국호를 대표했다. 두 예비 국호는 통일독립국가의 국호 자리를 놓고 치열한 경쟁을 벌였다. 물론 그 경쟁은 전국적 범위에서 이루어졌다. 다른 변수가 없었다면 한반도에 수립될 독립국가의 국호는 두 예비 국호 가운데 하나로 결정되었을 가능성이 매우 높다. 그러나 서울에 진주한 미군정은 두 국호가 대표하는 중국 충칭의 임시정부와 인민공화국을 모두 인정하지 않았다. 예기치 못했던 어두운 그림자가 좌우 두 진영에 모두 드리우고 있었던 것이다.

1945년 12월 모스크바에서 모인 미국, 영국, 소련의 외무장관은 미국과 소련이 공동위원회를 구성해 한국인의 통일임시정부를 수립하는 문제를 한국의 제정당·사회단체와 협의하도록 한다는 데 뜻을 모았다. 이 같은 모스크바삼상회의 결의안 중에는 한국인의 통일임시정부를 미·영·중·소 4대국이 최장 5년간 신탁통치한다는 방안도 포함되어 있었다. 내연하고 있던 좌우 간의 대립은 이 문제를 둘러싸고 폭발했다. 우익은 신탁통치 방안에 극렬 반대하며 즉각 독립을 촉구하고 나섰고, 좌익은 통일임시정부 수립에 방점을 두고 모스크바삼상회의 결의안을 지지했다.

그 와중에 좌익의 국호 논의에는 미묘한 변화가 나타나기 시작했다. 조선공산당이 일찌감치 인민공화국을 주장하고 있는 가운데 연안파가 뒤늦게 입국해 1946년 2월 조선신민당을 창당하고 민주공화국을 내걸었다. 그러더니 1946년 하반기 공산당과 신민당이 남북에서 각각 합당을 추진할 무렵 제3의 예비 국호가 새롭게 고개를 내밀었다. 민주와 인민을 합친 모양새의 '민주주의인민공화국'이었다. 민주주의인민공화국은 기존의 인민공화국과 혼용되다가 점차 북한 지역을 중심으로 보편적인 구호로 자리 잡아 갔다.

1. 대한민국임시정부 대 조선인민공화국

분단된 한반도의 정치적 중심은 서울이었다. 서울은 조선왕조 500년과 일제 36년을 거치면서 줄곧 수도 노릇을 했다. 미국이 소련에 북위 38도선을 분할 경계선으로 제안한 것도 서울이 그 아래 있었기 때문이다. 해방 직후 국내 정치 세력의 활동도 서울을 중심으로 이루어졌다. 박헌영은 이미 해방 전부터 서울에서 조선공산당 재건에 힘을 쏟았고, 여운형도 조선건국동맹을 꾸려 해방을 준비했다. 소련군과 함께 북한으로 들어온 김일성은 처음에는 박헌영의 조선공산당과 보조를 맞추며 활동했다. 우익의 대표적 명망가인 김구와 이승만은 각각 중국과 미국에서 서울로 돌아올 준비를 하고 있었다. 친일파와 개량주의자가 뒤섞여 있던 국내의 우익 세력은 두 지도자의 환국에 맞춰 정치 일정을 잡아나갔다. 각각 대한민국과 조선인민공화국을 예비 국호로 내건 좌우의 대결은 서울에서 시작해 전국으로 확산되었다.

인공 수립과 임정의 반격

1945년 9월 6일 여운형과 박헌영이 주도하는 좌익 계열이 서울의 경기여고 강당에서 제1회 전국인민대표자회의를 열고 조선인민공화국(인공)의 수립을 선포했다.* 주최 측의 원안은 조선민주공화국이었으나 좌익 계열이 다수 참가하고 있던 회의 현장에서 인민공화국으로 바뀌었다.[2] 당시 여운형은 건국준비위원회를 결성해 남북한 전역에 145개 지부를 건설했고, 박헌영은 조선공산당의 재건 작업을 마무리하고 있었다.

인공은 건준 지부를 인민위원회로 개편해 권력의 원천으로 삼긴했지만, 상향식 합의 과정을 거치지 못하고 급조되었다는 비판을 받았다. 이에 대해 여운형은 "혁명 초에는 혁명단체가 조각組閣(정부의 조직)하는 것이요 인민이 조각하는 것이 아님은 손문孫文**을 보아도

---

* 여운형은 해방 전 건국동맹(건국준비위원회의 전신)을 이끌면서 해방 조국의 국호로 '동진(東辰)'을 제시한 바 있었다. 李革, 《愛國삐라全集 第1輯》(서울: 祖國文化社, 1946), p. 99.
** 중국 신해혁명의 지도자 쑨원을 가리킨다.

알 것"[3]이라고 해명했다. 나아가 "인민이 승인만 한다면 조선인민공화국과 그 정부는 그대로 될 수 있다"[4]는 기대감을 내비쳤다. 또한 10월 8일 학병동맹대회 강연에서는 "비상조치로 세운 것이니, 인민의 총의로서 언제든지 명칭도 내용도 갈 수 있는 것"이라고도 했다. 상황에 따라서는 인공을 재편할 가능성도 열어두고 있었던 것이다.[5]

'인민의 승인'을 받기 위해 여운형은 좌우를 망라한 저명한 민족 지도자들을 인공의 깃발 아래 규합하고자 했다. 그에 따라 9월 6일 발표된 조선인민공화국 중앙인민위원회에는 좌우의 독립운동 지도자들이 포함되어 있었다. 이승만, 여운형, 허헌許憲, 김규식金奎植, 김성수金性洙, 김원봉, 신익희申翼熙, 안재홍安在鴻, 조만식趙晩植, 이주하, 김일성金一成* 등 그 면면은 화려했다. 그러나 대부분은 주최 측이 본인의 허락을 구하지 않고 이름만 올려놓았을 뿐이었다.[6]

이 같은 중앙인민위원회의 구성으로 볼 때 인공은 박헌영이 〈8월 테제〉에서 제시한 혁명적 인민정부와는 거리가 있었다. 〈8월 테제〉의 혁명적 인민정부는 노동자·농민을 중심으로 한 진보 세력의 통일전선이었다. 그런데 인공 지도부에 이름이 올라간 인물 중에는 임정으로부터 탄핵당한 이승만, 친일파로 분류되던 김성수 등 보수적인 우익 인사가 포함되어 있었다. 인공의 수립 선언, 강령, 정부 조직

---

* 김일성의 본명은 김성주(金成柱)이다. 만주에서 항일유격대 활동을 할 때 동료들로부터 '한별'이라 불리면서 金一星(김일성)이란 이름을 쓴 이래 金日星, 金一成, 金日成 등 여러 가지 한자로 표기되었다.

등을 살펴보아도 인민공화국보다는 부르주아민주공화국에 더 가까운 성격을 띠고 있었다. 중도 좌파인 여운형의 건준과 협력해야 했던 데다가 미군정의 승인을 얻어보려는 생각이 있었기 때문일 것이다.[7]

인공이 등장하자 우익을 중심으로 한 세력은 중국 충칭에 있던 임정을 고리로 반격에 나섰다. 인공 선포 하루만인 9월 7일 오세창吳世昌, 김성수, 백남운白南雲, 조만식 등은 이른바 '임정 국가대표론'을 주창했다. "우리의 국가대표는 기미己未 독립 이후로 구현된 '대한민국임시정부'가 최고요 또 유일의 존재일 것"이라면서 임정 지지를 선언한 것이다.[8] 9월 16일에는 고려민주당, 조선민주당, 한국국민당, 대한민국임시정부 환국환영국민대회 등 우익 단체들이 천도교 회관에서 한국민주당(한민당)의 창당을 선언했다. 한민당은 인공에 반대하고 임정의 환국을 촉구하는 '임정봉대론'의 주역을 자임하고 나섰다.

이로써 해방 직후 통일독립국가의 국호 논의는 대한민국과 조선인민공화국의 대립 구도로 급속히 수렴되었다. 두 예비 국호의 정통성을 놓고 치열한 논리 대결도 벌어졌다. 9월 14일 '조선건국동맹 경성선봉대표'라는 단체는 다음과 같이 조선인민공화국의 우월함을 주장하고 나섰다.

조선인민공화국이란 국호는 대한민국이란 국호보다 훨씬 나을 줄로 확신한다. 조선朝鮮이란 단군 이래 4천여 년간 존재한 고유한 명사이나 대한大韓이란 이조 말엽 패망기에 잠간 존재하엿든 명사다. 엇지 대한이란 문구를 다시 인용하라. 진정한 민주주의는 인민을 중심으로 한 것이 아니면 안 된다. 고로 **조선인민공화국**이란 국호는 확실히 조선 동포 3천만의 충의를 표현한 것이다.[9]

초기 북한 내각에서 문화선전상을 지낸 허정숙許貞淑의 회고에 따르면 김일성은 대한민국이 "친일친미파 민족반역자들이 좌지우지하는 반동적 부르죠아 정권을 의미"한다고 폄하했다. "상해의 외국조차지 뒷골목에 내걸었던 무슨 림시정부라는 간판"을 내세운 '남조선괴뢰도당'이 "봉건 리조 말기의 이름을 약간 변형시켜 그대로 답습하려는 것"이라고도 했다.[10]

대한민국 쪽의 반격도 만만치 않았다. 임정에서 외무부장을 지낸 조소앙은 12월 7일 공식대변인의 자격으로 〈임시정부의 성격〉이라는 성명을 냈다.

우리가 대한大韓이란 용어에 애착을 가지고 상용하는 까닭은 '한韓'이란 자주독립을 상징하는 문자인 까닭이다. 이것은 역사적 사실을 고찰하면 명백하거니와 자주독립의 기상을 표시하기 위하여 일본이 고의로 말살한 '한'이란 글자를 우리는 지켜온 것이다. 그리하여 독립운동의 공구公具로서, 독립운동을 하는 사람들의 집결체로서 우리 국토 위에 정권을 세우기까지의 접속제로서 우리는 임시정부를 붙들고 내려왔다.[11]

국권피탈 당시 일본이 대한제국이란 독립국가의 국호를 폐기하고 조선을 격하된 식민지의 칭호로 공포한 사실을 환기하는 발언이다. 이는 당연히 인공의 정통성을 깎아내리는 효과를 낳았다. 1925년 임정으로부터 탄핵당한 뒤 임정과 일정한 거리를 두어온 이승만도 10월 16일 환국 직후 기자회견을 갖고 대한민국 쪽을 거들었다.

> 우리는 1919년 만세운동 때부터 대한민국이라는 국호로 우리의 새 정권을 만들고 일본제국주의의 야만적 기만정권에 항전하여 왔다. (…) 일본제국주의가 우리나라를 침략하여 조선이라는 이름을 붙였으니 우리는 그것이 싫었다. 그래서 대한이라는 국호로 하였으니 이 문제에 대하여는 우리가 완전 독립되는 날 한데 한자리에 모여 얼마든지 상의하고 다수 의견에 좇아 개정할 수도 있다고 나는 믿는 바이다.[12]

앞으로도 살펴보겠지만 이 같은 이승만의 화법에는 주의할 필요가 있다. 그는 분명 좌익의 예비 국호인 조선에 반대해 대한이라는 예비 국호를 옹호하고 있다. 그러나 해방 당시 대한이라는 국호의 정치적 저작권은 이승만의 라이벌인 김구의 임정 세력에게 있었다. 이승만은 이를 염두에 두고 대한을 국호로 확정하는 데는 유보적 태도를 취하고 있는 것이다.

인공도 임정도 안 된다는 미군정

지금까지 살펴본 해방 직후의 논쟁 구도로 볼 때 특별한 변수가 없는 한 통일독립국가의 국호는 대한민국과 조선인민공화국 사이에서 결정될 터였다. 그러나 9월 8일 입국해 이튿날 군정을 선포한 미군은 임정과 인공을 둘 다 인정하지 않았다. 10월 10일 아치볼드 아널드Archibald Vincent Arnold 군정장관이 인공의 정부 자격을 부인하는 성명을 냈다. 12월 12일에는 존 하지John Reed Hodge 주한미주둔군 사령관이 다음과 같이 이를 재확인했다.

> 조선인민공화국은 그 자체가 취택한 명칭 여하를 불문하고 어떤 의미에서든지 정부도 아니고 그러한 직능을 집행할 하등 권리가 없다. 남부 조선에서 작용하는 유일한 정부는 연합군 최고지휘관의 명령에 의하여 수립된 군정이 있을 뿐이다.[13]

나아가 미국은 임정의 정부 자격도 인정하지 않았다. 해방 직전인 8월 14일 조소앙은 임정이 귀국해서 실질적 정부 역할을 하겠다는 의사를 주중 미국대사를 통해 미국에 전달했다. 그러나 미 국무부·육군성·해군성 3성조정위원회(SWNCC)는 이를 거부했다. 3성조정위원회는 10월 17일 연합군 사령관 더글러스 맥아더Douglas MacArthur에게 "개인 자격의 귀국이라면 반대하지 않는다."라는 지침을 내렸다. 이 지침은 당연히 충칭의 임정에도 전달되었다. 11월 19

일 김구 주석은 개인 자격으로 귀국하겠다는 서약서를 중국 전구戰
區 미군사령관 앨버트 웨드마이어Albert C. Wedemeyer에게 제출했다. 다
음 날 미군정은 15인승 C-47 경비행기 한 대를 중국으로 보냈다. 임
정 국무위원 29명을 절반밖에 태울 수 없는 규모였다. 결국 임정 요
인들은 11월 23일과 12월 1일 두 차례로 나누어 쓸쓸히 귀국할 수밖
에 없었다.

임정과 인공에 대한 미국의 태도는 임정은 물론이고 인공 주도
세력도 예상하지 못한 것이었다. 조선공산당 계열은 한국인의 자치
적인 정권조직이 이미 존재해 있으면 미군이 진주해도 이를 인정할
수밖에 없으리라 낙관하고 있었다.[14] 여운형은 소련군이 북한 지역
의 자생적 자치 조직을 존중하는 모습을 보였기 때문에 이를 연합국
의 공동 방침으로 보았다. 따라서 "미군도 역시 조선 인민에게 맡길
줄로 예상"[15]했다가 뒤통수를 맞은 것이다.

예상치 못한 미군정의 태도는 어떤 한국인의 자생적 정부 조직도
부정하고 철저히 자신의 관리 아래 새로운 정부를 만들겠다는 의지
의 표명이었다. 이에 대해 인공 측은 미군정에 강력히 항의하고 임정
측은 임정봉대론을 밀어붙였다. 그러나 역부족이었다.

여운형은 돌파구를 마련하기 위해 12월 6일 인공과 임정을 아우
르는 민족통일전선을 결성하자고 제안했다. 그는 인공과 임정을 "정
부로서 행사하는 국가통치기관이 아니라 통일전후의 과도기적인
두 개의 세력"으로 규정했다. 그에 따르면 이 두 세력은 "서로 대립하
며 서로 모순되는 것"이 아니었다. 따라서 둘을 아울러 "대다수 근로

대중의 경제적 해방을 실현시킬 수 있는 진보적 민주주의 원칙하에 일제와 봉건세력의 잔재인 반동세력을 배제"[16]한 민족통일전선을 결성하자고 했다. 임정은 이 제안을 일축했다.

12월 16일부터 26일까지 모스크바에서 미국·영국·소련의 외무장관이 모여 한반도 문제 등을 협의했다. 모스크바삼상회의로 불리는 이 회의의 결과 미국과 소련이 공동위원회를 구성해 한국인의 통일임시정부 구성을 논의한다는 결정이 내려졌다. 이 소식이 국내에 알려지면서 정국은 급격히 요동쳤다. 인공 측은 모스크바삼상회의의 결정을 지지하고 통일임시정부 참여를 선언하면서 인공과 임정의 동시 해소를 주장했다.[17] 임정 측은 이를 거부하고 모스크바삼상회의에서 미·영·중·소의 신탁통치 방침이 제시된 것을 문제 삼아 반탁 운동에 돌입했다.

인공 측은 임정 측의 태도와 상관없이 1946년 2월 좌익 계열의 정당과 사회단체를 망라하는 민주주의민족전선(민전)을 출범시켜 통일임시정부 구성에 대비했다. 그해 4월 23일에는 시천교 강당에서 제2회 전국인민위원회대표자대회를 열고 "민족통일정부로 '인공'을 해소"[18]하겠다는 의지를 밝혔다.˙ 이 대회는 인공의 마지막 전국적 모임이 되었다.

1946년 정국은 인공과 임정을 동시 해소하고 민족통일전선을 결

˙ 제1회 전국인민위원회대표자대회는 1945년 11월 20일 서울에서 열려 인공과 지방인민위원회의 관계를 규정했다.

2부 해방 공간의 통일 국호 쟁탈전

성해 새 임시정부를 수립하자는 인공과 자신들의 유일 정통성을 고수하는 임정의 대결로 압축되었다. 한편 북한에서는 모스크바삼상회의 결정에 대한 지지가 대세를 이루는 가운데 대한민국도, 조선인민공화국도 아닌 예비 국호가 꿈틀거리며 올라오고 있었다.

2. 인민공화국 대 민주주의인민공화국

일제강점기 사회주의 계열의 국호 논의가 어떻게 해방 후로 이어졌는지 살펴보기에 앞서 짚고 넘어가야 할 역사적 배경이 있다. 1943년 6월 10일 코민테른이 해체되고 소련의 세계 전략이 변화한 사실이다. 사회주의 계열의 국가건설론에 절대적 영향을 미친 코민테른이 해방을 앞두고 사라진 것이다. 1941년 6월 22일 소련이 독일의 침공을 받고 전쟁에 끌려들어간 것이 결정적 계기였다. 독일에 맞서 미국, 영국 등 자본주의 국가와 동맹을 맺게 된 소련에게는 미·영과 협조관계를 이어가는 것이 중요해졌다. 그래서 미·영이 보는 앞에서 코민테른을 해체하고 각국 사회주의자들과의 협력을 비공개로 전환했다.

스탈린은 그러한 원칙에 따라 전후 세계전략을 짰다. 미·영과의 협의에 따라 소련의 세력권으로 인정받은 동유럽이나 동아시아 일부 지역에도 그 원칙은 적용되었다. 스탈린은 미·영과 불필요한 갈등을 빚지 않는 데 도움이 된다면 이들 지역에서 소련에 비적대적인 자본주의 국가가 들어서는 것을 받아들일 용의가 있었다. 공산당이 취약한 동유럽 각국에서 부르주아지가 참여하는 연립정부를 구상한 것도 그 때문이었다. 같은 맥락에서 스탈린은 1945년 9월 20일 북한 주둔 소련군에게 "북조선에 부르주아민주주의 권력 수립을 방조"하라는 '훈령'을 내렸다.

스탈린의 훈령은 '북조선'이라는 말 때문에 지금도 논란의 대상이 되고 있다. 한쪽에서는 벌써 그때부터 소련이 북한의 단독 정권을 기획하고 있었다는 증거라고 주장한다. 다른 한쪽에서는 이 훈령에 나오는 '부르주아민주주의 권력'이 국가 권력을 의미하는 것은 아니라고 주장한다. '반일적인 우익과 좌익을 망라하여 부르주아민주주의적 개조를 실행할 자치권력 내지 기관'으로 보면 된다는 것이다.[19]

스탈린의 진의가 무엇이었는지는 스탈린만이 정확하게 알 테지만 그는 이미 죽은 지 오래다. 결과적으로 남북한에 단독 정부가 들어섰으니 그리 중요한 문제가 아니라고 할 수도 있다. 그의 훈령에서 상대적으로 의미가 분명하면서도 중요한 말은 '부르주아민주주의 권력'이다. 해방 직후 북한 지역에서 활동하던 사회주의자들이 통일 독립국가를 앞두고 마주친 국제적 조건은 바로 이 말 한 마디에 들어 있다. 소련이 한반도에서 자신에게 적대적이지 않은 부르주아민주주의 정부가 들어서기를 바라고 있었다는 점 말이다. 사회주의 계열이 구상하는 독립국가는 때로는 이 같은 스탈린의 전략 방침을 따르고 때로는 그것과 부딪히면서 모습을 드러내게 되어 있었다.

해방 직후 북한의 양대 정치 세력은 조선공산당북조선분국(분국)과 민족주의 정당인 조선민주당이었다. 분국은 서울 중앙을 따라 조선인민공화국, 조선민주당은 조선민주공화국을 지향했다.[20] 1945년 말 귀국한 조선독립동맹은 북한에 둥지를 틀고 이듬해 2월 조선신민당으로 개칭했다. 조선신민당은 조선독립동맹 시절처럼 조선민주공화국을 예비 국호로 내걸었다.[21] 이들 북한의 정치 세력은 1946년 2월 8일 북조선임시인민위원회를 출범시키고 3월부터 토지개혁을 비롯한 민주개혁을 추진해나갔다.

분국은 1946년 상반기에 북조선공산당으로 개칭해 서울의 조선공산당과 어깨를 나란히 하고, 조선신민당은 서울에 지부격인 남조선신민당을 두었다. 1946년 하반기 들어 남북의 공산당과 신민당은 각각 합당해 남로당과 북로당을 창당한다.* 그 무렵 남로당과 북로당의 문건과 구호에는 '민주주의'와 '인민'을 배합한 민주주의인민공화국이 등장해 인민공화국과 혼용되기 시작했다. 이 같은 경향은 북로당에서 더 두드러져 북한에서는 곧 민주주의인민공화국이 인민공화국을 압도하게 되었다.

인민공화국 수립 만세!

중앙의 조선공산당이 인민공화국을 내세웠으므로 분국의 예비 국호 역시 인민공화국이었으리라는 것은 충분히 짐작할 수 있다. 조

---

* 남로당에는 조선인민당도 합류했다. 조선인민당은 여운형이 1945년 11월 12일 건국동맹을 주축으로 창당한 중도좌파 정당이었다.

선공산당은 인민공화국을 주장하고 조선신민당은 민주공화국을 주장하다가 두 당이 합당하면서 민주주의인민공화국이 등장한다고 보는 것도 합리적이다. 그러나 오늘날 북한의 공식 설명은 다르다. 김일성 세력은 처음부터 조선민주주의인민공화국을 해방 조국의 국호로 확정하고 다른 예비 국호들을 제압해나갔다는 것이다. 이 문제와 관련해 북한의 공식 설명을 자세히 살펴보고 해방 당시의 기록들과 비교해 보도록 하겠다.

북한의 공식 설명에 따르면 현재의 국호를 처음 사용한 사람은 김일성이다. 김일성은 국내에 들어오기도 전인 1945년 8월 20일 군사 정치 간부들 앞에서 '해방된 조국 땅에 세워야 할 정권'은 '민주주의인민공화국'임을 분명히 했다.[22] 한 달 뒤 원산항을 통해 귀국한 김일성은 처음부터 박헌영의 인민공화국을 인정하지 않았다. 그에게 "인민공화국의 인민은 반동들이 말하는 국민과 같은 것으로서 그 속에 친일파, 민족반역자 등 인민의 원쑤들까지 다 포함시키려는 것이었다."[23] 따라서 인공은 "미제의 충복 리승만을 대통령으로 하는 (…) 친미적인 부르죠아 공화국"[24]에 불과했다.

연안파 출신으로 나중에 김일성의 충실한 동지가 된 허정숙은 해방 초기 김일성 세력이 인공에 대해 가졌던 혐오감을 이렇게 전한다.

해방 직후 서울의 거리들과 심지어 평양의 화신백화점 담벽에까지 이 자들이 내붙인 인민공화국의 각료 명단에는 리승만, 조만식을 비롯한 극악한 매국배족의 무리들이 상좌를 차지하고 있었던 것이다.[25]

1945년 10월 10일부터 13일까지 조선공산당 서북5도당 책임자 및 열성자 대회가 열리고 그 자리에서 분국이 결성되었다. '분국'이라는 말에서 보듯 아직은 서울의 조선공산당에 종속되어 있는 조직이지만, 김일성 세력은 이를 통해 사실상 독립적인 활동의 첫발을 내디뎠다. 박헌영은 그 대회에서 인민공화국 노선을 관철시키기 위해 자신과 가까운 당원을 파견했다.

허정숙의 회고록에는 그 무렵 있었던 일로 보이는 이야기가 실려 있다. 박헌영 계열의 인사들이 평양을 찾았다. 그들은 김일성에게 "민주주의인민공화국이나 인민공화국이나 같은 것이 아닌가" 하며 인민공화국을 합리화하려고 했다. 그러자 김일성은 "국가정권의 계급적 성격도 무시하고 국호를 제정하려 하는 것인가" 하고 반박했다.[26] 결국 김일성 세력은 박헌영 쪽 사람들이 지켜보고 있는 앞에서 "우리 민족의 완전 자주 독립을 보장하는 민주주의인민공화국을 건립하기에 노력"하겠다고 선포했다.*

---

* 조선로동당중앙위원회 당력사연구소, 《조선로동당력사교재》(평양: 조선로동당출판사, 1964), p. 132. 그 무렵 김일성이 민주주의인민공화국을 언급했다고 쓰여 있는 북한의 기록은 다음과 같다.

  - 10월 3일 〈진보적 민주주의에 대하여 - 평양로농정치학교에서 한 강의〉, 《김일성저작집 1》, pp. 280-303.
  - 10월 13일 〈새 조선 건설과 민족 통일 전선에 대하여 - 각 도당책임일군들 앞에서 한 연설〉, 《김일성선집 1》(평양: 조선로동당출판사, 1960), pp. 1-10. 허정숙은 이 연설이 10월 13일 대회가 끝난 날 밤 이루어졌다고 주장한다. 또 10월 23일 인민출판사(오늘날의 조선로동당출판사)가 기신사라는 민간 인쇄소의 도움을 받아 그 연설문을 같은 제목의 단행본으로 발간했다고도 한다. 허정숙, 앞의 책, p. 9.
  - 10월 14일 〈모든 힘을 새 민주조선 건설을 위하여 - 평양시군중환영대회에서 한 연

이상과 같은 북한의 공식 설명에 따르면 김일성은 처음부터 인민공화국을 배격하고 민주주의인민공화국을 향후 통일독립국가의 국호로 견지했다. 그렇다면 조선민주주의인민공화국은 해방 직후부터 분국의 슬로건으로 널리 쓰였어야 한다. 문제는 이 같은 공식 설명의 근거들이 대부분 북한 정부 수립 이후, 그것도 김일성이 권력을 확립한 뒤에 편찬된 간행물에 실려 있다는 사실이다. 정작 해방 직후 북한에서 발간된 신문, 책자, 전단 등에서는 민주주의인민공화국이라는 말을 찾아보기 어렵다.

분국은 《정로》라는 기관지를 발간했다. '올바른 노선'이라는 뜻으로, 오늘날 조선로동당의 기관지인 《로동신문》의 전신이다. 《정로》는 앞서 살펴본 분국 결성 대회를 보도하면서 이 대회의 결정서를 게재하고 있다. 그런데 여기에서는 민주주의인민공화국이라는 말은 찾아볼 수 없고 대신 김일성이 그렇게 혐오했다는 인민공화국이 버젓이 적혀 있다.

외래의 '힘'에 의하야 민족해방은 획득하였으나 통일된 주권은 아직 수립 못하였다. 통일된 유일한 인민의 의사를 대표할 조선인민공화국

설), 《김일성저작집 1》, pp. 346-353; 韓載德著, 《金日成將軍凱旋記》(평양: 民主朝鮮出版社, 1947), p. 106(《平壤民報》, 1945년 10월 15일 기사를 전재), 《朝鮮中央年鑑 - 1949年版 - 》, p. 63에 실린 해당 연설 요지에는 '민주주의인민공화국'에 대한 언급이 없다.

- 11월 27일 〈民主主義旗빨밑에 愛國青年은結集前進하라 - 民青盟員大會에서 金日成將軍〈青年의길〉明示(연설 요지)〉, 韓載德著, 앞의 책, pp. 123-128(《朝鮮中央年鑑 - 1949年版 - 》, pp. 64-65에 발췌 수록).

을 수립함에서만 우리의 과업을 완전히 해결할 수 있다. (…) 조선인민
공화국 주권은 친일적 반동분자의 철저적 제외와 숙청한 외의 전 민족
을 망라한 어떠한 단체 어떠한 계급을 물론하고 전인민의 의사를 대표
한 주권이 되여야 한다.[27]

북한 공삭원 출신으로 전향한 뒤 북한 연구에 전념한 심남식은
이 결정서가 내용적으로는 박헌영의 인공을 부정한다고 풀이한다.
'친일 반동분자를 제외한 모든 계층을 망라하는 정권'은 이승만, 김
성수 등의 '친일 반동분자'가 포함되어 있는 인공과 다른 성격의 정
권이기 때문이다. 따라서 아직은 조선공산당의 분국을 자임하고 있
기 때문에 형식적으로 인민공화국이라는 말을 쓰고 있을 뿐 속내는
달랐다는 것이다.[28] 그러나 당시 박헌영이 실제로 추구한 정치 노선
이 위에 인용한 분국의 노선과 달랐다는 증거는 어디에도 없다. 분국
결성 대회가 개막하던 10월 10일 박헌영이 한 인터뷰의 내용을 보면
오히려 분국 결정서에 미리 지침을 주고 있는 것 같다.

우리는 먼저 무엇보다도 강력한 민족적 통일정권을 조직하여야 한다.
이 정권은 조선 인민의 이익을 대표하는 것이라야 하며, 어떤 편협한
계급이라든가 당파의 지배를 받는 것이 아니고 조선 전 민족을 대표하
는 것이 되어야 한다.[29]

따라서 인공에 이승만, 김성수 등이 포함된 것은 현실적인 이유

에서였을 뿐 박헌영과 김일성의 정치 노선에는 거의 차이가 없었다. 두 사람은 분국 결성 대회가 열리기 직전 개성에서 만나 의견을 조율하고 분국 창설에 합의했다.[30] 이 시기에 김일성은 박헌영의 노선을 따르면서 인민공화국이라는 칭호도 그대로 쓰고 있었다. 몇 가지 사례를 들어보겠다.

그해 11월 30일 평양에서 열린 조선노동조합전국평의회(전평) 북부조선총국 결성대회는 "조선인민공화국 만세!"[31]를 구호로 외쳤다. 김일성의 항일유격대 동지로 조선민주당을 이끌고 있던 최용건 崔庸健은 '진정한 인민 주권-조선인민공화국'을 건설하자고 목소리를 높였다.[32] 분국 제2비서를 지낸 국내파 오기섭吳琪燮은 임정과 인공의 동시 해소를 통해 애국 세력의 통일을 모색한 인공의 '희생적 노력과 양보'를 찬양했다.[33] 또 분국 기관지인《정로》는 1946년 삼일절 투쟁 과제로 '새 인민공화국 건설'의 완성을 제시하고 있다.* 김일성 자신도 그해 3월 15일 연설에서 사회주의 국가로의 직행을 의미하는 '쏘베트 국가건설'이 아닌 '인민공화국 건립'을 당면 과제로 제시했다.**

김일성과 최용건이 입으로는 인민공화국이라고 하면서도 속으

---

* "… 우리는 신조선민주정권 수립으로서 새 인민공화국 건설을 완성할 것이다.",《정로》, 1946년 2월 12일.
** "이 인민공화국을 건립함에는 무산계급뿐 안이라 자본가 지주할 것 없이 전민족이 다같이 일치단결하야 통일전선을 느러야 할 것이다." 김일성,〈민족 대동단결에 대하야〉,《北韓關係史料集 25》(1996), p. 11.

로는 불만을 품고 있었을 수는 있다. 김일성과 노선이 다른 국내파 오기섭은 서울의 조선공산당 중앙에 충성하는 의미에서 인공을 찬양했을 것이다. 어떤 경우든 허정숙의 회고록에서 김일성이 일갈했다고 하는 '국가정권의 계급적 성격'을 놓고 인민공화국을 노골적으로 배척하는 상황은 아니었다. 김일성이 북조선임시인민위원장에 취임해 북한에서 확고한 권력을 장악해가던 1946년 상반기까지도 그러했다. 조선민주주의인민공화국은 남한은 물론 북한에서도 확정적 예비 국호의 지위와는 거리가 멀었을 뿐 아니라 구호로 등장한 사례조차 찾기 힘들다.

민주주의인민공화국의 부상浮上

그렇다면 민주주의인민공화국이라는 아홉 글자가 예비 국호로서 본격적으로 등장하는 것은 언제부터일까? 북조선공산당이 조선신민당과 합당해 북로당을 창당하던 1946년 8월 전후로 가늠된다. 민주공화국을 주창하던 신민당과 인민공화국을 주창하던 공산당이 합치면서 예비 국호도 마치 '민주주의'와 '인민'을 합친 모양새를 띠었다.

조선신민당의 전신인 조선독립동맹 지도부는 1945년 12월 13일 소련군에게 무장을 해제당한 채 귀국했다. 귀국 무렵 조선독립동맹의 국가건설론에 가장 큰 영향을 끼친 것은 그해 4월 23일 연안에서 열린 중국공산당 제7차 전국대표대회였다. 이 대회는 마오쩌둥의

〈연합정부를 논함〉이라는 정치보고를 중심 의제로 다루었다. 여기서 연합정부란 신민주주의론에 따른 정부 형태를 말한다. 그때 조선독립동맹은 "모택동 동지의 신민주주의론은 조선 민족해방운동의 지침"[34]이라는 내용의 축하문을 보내고 연합정부론을 학습하기로 결정했다.

귀국한 조선독립동맹이 조선신민당으로 개칭한 것은 1946년 2월 16일이었다. 조선신민당의 대표적 이론가인 최창익은 연합정부론에 입각해 '자산계급성 민주주의'를 당의 이념으로 제시하고 '민주주의적 민족통일전선'의 결성을 주장했다.[35] '자산계급성 민주주의'는 부르주아지가 주도하던 자산계급 민주주의(부르주아민주주의)와 달리 인민이 주체가 되는 신민주주의를 말한다.

조선신민당이 창당한 1946년 초는 미소공위의 출범을 앞두고 '통일임시정부' 수립에 대한 기대감이 한껏 고조되던 시기였다. '건국'이 최대의 화두였던 당시 북한 사회 곳곳에서는 다음과 같은 구호를 볼 수 있었다.

모든 것은 건국을 위하야!
돈 있는 이는 돈으로!
힘 있는 이는 힘으로!
지식 있는 이는 지식으로!
기술 있는 이는 기술로!
다 같이 총동원하야 자유민주의 새 조선을 세우자![36]

이 구호는 1945년 10월 14일 평양시 민중대회에서 김일성이 한 연설에 나오는 것으로 유명하다.[37] 이는 중국에서 통일전선의 구호로 회자되던 것으로, 전 중국의 항일연군을 촉구한 1935년의 〈8·1 선언〉에도 비슷한 호소가 나온다. 또 중일전쟁기에 민족대단결을 호소한 천두슈陳獨秀의 글에서도 볼 수 있다.[38]

건국을 위해 각계각층이 협력해야 한다는 구호의 내용은 조신신민당의 민주주의적 민족통일전선 노선과 일치한다. 조선신민당의 남한 지부인 남조선신민당의 백남운 위원장도 1946년 4월, 같은 취지에서 '연합성 신민주주의론'을 제기했다. "아직도 혁명성인 유산자는 자금을, 인텔리는 지식을, 과학자는 기술을, 무산자는 노동력을 제공함으로써 건국을 위한 연합활동을 하자"[39]는 것이다.

여기서 백남운은 박헌영의 〈8월 테제〉를 비판했다. 〈8월 테제〉가 러시아혁명을 모델로 삼아 부르주아지를 배제하는 부르주아민주주의혁명을 주장한다는 것이었다. 백남운은 이러한 주장이 식민지를 경함한 한반도에 적절치 않다고 분석했다.[40] 정치학자 심지연은 박헌영의 '부르주아민주주의혁명론'과 백남운의 '연합성 신민주주의론'의 대립을 소련식 혁명 모델과 중국식 혁명 모델의 대립으로 보았다.[41] 그러나 남북한의 정국이 곧 공산당과 신민당의 합당 국면으로 넘어갔기 때문에 그 대립은 확대되지 않았다. 게다가 박헌영은 바로 그 무렵 신민주주의와 유사한 '인민적 민주주의'를 제시하면서 〈8월 테제〉에서 언급한 '부르주아민주주의'를 거두어들인다.

분명한 것은 1946년 미소공위를 둘러싼 임시정부 논의 국면에서 조선신민당의 신민주주의 국가건설론은 그 위상이 만만치 않았다는 사실이다. 심지어는 김일성도 그 무렵 '조선적인 진보적인 신민주주의적 정부'를 거론하면서 '신민주주의'라는 용어를 사용하고 있었다.[42] 이는 마오쩌둥의 《신민주주의론》이 조선신민당뿐 아니라 김일성의 북조선공산당 진영에도 영향을 미치고 있었다는 것을 말해준다.

1946년 7월에 시작된 북조선공산당과 조선신민당의 합당 논의는 순조롭게 진행되었다. 7월 23일 조선신민당이 먼저 합당을 제안하고 이튿날 북조선공산당이 이를 수락함으로써 두 당은 합당 논의에 돌입했다. 7월 28일부터 30일까지 열린 두 당의 연석확대중앙위원회에서 김두봉은 신민당의 강령이 혁명의 현 단계를 규정한 공산당의 최저 강령에 일치한다고 주장했다. 그가 말한 혁명의 현 단계는 곧 '자산계급성 민주주의' 단계였다.[43]

이 같은 합당 과정에서 민주주의인민공화국이라는 예비 국호도 공개적으로 거론되기 시작했다. 두 당이 합당을 결정한 직후인 1946년 광복절을 맞아 김일성은 다음과 같은 연설을 했다.

> 인민의 정권기관인 인민위원회를 더욱 공고히 하며 민주주의인민공화국을 창설하기 위하여 (…) 투쟁할 것입니다.●

● 金日成, 〈朝鮮同胞에게 告함 −八,一五解放一周年記念慶祝大會에서−〉, 《重要報告集 朝鮮民主主義人民共和國樹立의 길》, p. 121. 1947년 11월 1일에 발간된 이 책은 1946년 2월부터 1년 6개월에 걸쳐 김일성이 한 주요 연설을 수록하고 있다. 여기 실린 연설들은

2부 해방 공간의 통일 국호 쟁탈전

그 무렵부터 김일성의 연설에서 민주주의인민공화국을 언급하는 사례가 부쩍 늘어났다. 이처럼 인민공화국 앞에 '민주주의'를 덧붙이는 것은 공산당이나 신민당이나 받아들일 만한 선택이었다. 양당 모두 민족 부르주아지를 포함한 광범한 민족통일전선을 추구하고 있었고, 민주주의는 바로 그러한 민족통일전선의 코드였다. 또한 북조선공산당은 조선인민공화국을 앞세운 박헌영의 조선공산당과 차별성을 모색하고 있었고, 민주주의는 조선신민당의 핵심 가치였다.

김일성의 북조선공산당과 김두봉의 조선신민당이 이 같은 과정을 거쳐 합당한 정당이 북조선로동당, 즉 북로당이다. 그해 8월 28일부터 30일까지 열린 북로당 창립대회에서는 민주주의인민공화국이라는 예비국호가 본격적으로 등장했다. 최경덕 북조선직업총동맹 대표는 축사를 하면서, 오기섭 평남 대표는 토론하면서, 창립대회 의장 주영하는 폐회를 선언하면서 "조선민주주의인민공화국 수립 만세!"를 외쳤다.[44] 김일성도 보고를 통해 "광범한 인민대중을 동원하여 민주주의인민공화국을 건립하기 위하여 투쟁"[45]할 것을 다짐하고 있다. 북조선공산당 기관지《정로》와 조선신민당 기관지《전진》을 통폐합해 창간한《로동신문》에서도 '민주주의인민공화국'을 쉽

발간 시점과의 짧은 시차, 상호 충돌하는 내용이나 오류 등을 수정 없이 게재한 점 등으로 볼 때 가필이나 왜곡이 거의 없을 것으로 믿을 만하다. 1948년 1월 20일 북조선로동당출판사에서《민주주의인민공화국 수립을 위하여 – 김일성장군 중요논문집》이란 제목으로도 간행되었다.

게 찾아볼 수 있다.*

그러나 당시 민주주의인민공화국이라는 아홉 글자가 인민공화국과 확연히 구별되는 북로당의 예비 국호로 확정된 것인지는 불확실하다. 북로당의 강령만 보아도 "인민공화국의 건설을 위하여 전조선적으로 주권을 인민의 정권인 인민위원회에 넘기도록 할 것"[46]을 규정하고 있다. 또 김두봉은 합당대회 보고에서 '조선인민공화국'과 '조선민주주의공화국'을 섞어 쓰고 있다.** 북로당 창립대회 대표 일동 명의로 발표된 성명서에는 '강대한 자주적 민주주의 조선인민공화국'이라는 표현이 나온다.[47] 이 말은 글자 그대로만 보면 자주적이고 민주주의적인 조선인민공화국이라는 뜻이다. 여기서 '민주주의'는 국호의 일부가 아니라 수식어로 읽힌다.

흥미로운 것은 같은 시기에 창당 작업이 진행되던 남쪽의 남로당도 인민공화국과 민주주의인민공화국을 혼용하고 있었다는 사실이다. 1946년 9월 공개된 남로당 강령에는 "조선에 민주주의인민공화국을 건설"한다는 말과 "조선인민공화국의 자유로운 자주독립 존

---

* 예컨대 〈조선인민이 경애하는 영웅 북조선임시인민위원장 김일성장군에게 보내는 편지〉와 〈북조선로동당중앙위원회 김두봉위원장에게 보내는 편지〉. "민주주의인민공화국 수립 만세!"가 적혀 있다. 《로동신문》, 1946년 9월 12일.

** "… 금번 대회의 력사적 의의는 … 지리학적으로 그어진 삼십팔도선을 뚫고 우리들이 열망하는 조선인민공화국의 수립과 조선민족의 완전해방을 조속한 기간 내에 가져오게 한다는 점에 있어서 조선민족혁명사상 획기적인 한페-지를 차지할 것으로 확신하는 바입니다."(《北韓關係史料集 1》, p. 120.) "조선민주주의공화국 수립을 위하여는 하루바삐 민주주의 각정당 민주주의 각사회단체의 공고한 통일전선을 가져야 할 것입니다."(같은 책, p. 123)

재의 보장을 목적"으로 한다는 말이 함께 들어 있다.[48] 창당이 완료된 그해 12월 남로당 중앙위원회가 발표한 포고문은 '조선인민공화국'의 확립을 촉구하는 동시에 "민주주의 인민공화국 만세!"를 외치고 있다.[49]

이처럼 인민공화국과 민주주의인민공화국을 섞어 쓰는 것은 북조선인민회의가 헌법 제정에 착수하던 1947년 말까지 곳곳에서 보이는 현상이다. 북로당 창립대회 직후인 1946년 9월 1일 열린 국제청년일 학생절 평양시 경축대회에서 제창된 구호도 그렇다. "민주주의 민족통일전선을 일층 공고히 하여 조선인민공화국을 수립하자!"[50] 이듬해 2월 21일 소집된 북조선인민회의 제1차 회의에서 발표된 강령은 "부강한 민주주의적 독립국가 즉 인민공화국을 수립할 것"[51]을 선언하고 있다.

김일성도 1946년 11월 1일 평양특별시 민주선거 경축대회 석상의 연설에서 '조선인민공화국'을 사용하고 있다.[•] 이듬해 6월 14일 제2차 미소공위의 자문에 대한 답신안을 놓고 연설할 때는 "민주주의조선인민공화국 만세!"[••]라고 외쳤다. 정작 해당 답신안에는 통일임시정부의 국호가 조선민주주의인민공화국으로 명기되어 있다.

• "지난 1년간 북조선 인민들의 열성적 참가로써 실시된 여러 가지 민주주의 개혁은 조선인민공화국 수립에 있어서 튼튼한 기초를 쌓아놓은 것입니다." 金日成, 《重要報告集 朝鮮民主主義人民共和國樹立의 길》, p. 125.

•• 이 표현은 같은 시기 남로당의 문헌에서도 보인다. 1946년 남로당 중앙위원회가 발표한 〈朝鮮人民에게 告함〉이라는 문서에는 '민주주의적 인민공화국', '민주주의 조선인민공화국'이라는 표현이 나온다. 심지연, 《朝鮮革命論硏究 - 해방정국논쟁사 2》, pp. 134-136.

따라서 김일성의 연설문에서 민주주의와 조선이 바뀌어 표기된 것은 김일성 자신이나 편집자의 실수로 보인다. 분명한 것은 당시까지도 공식 문헌에서 그런 실수가 생길 만큼 예비 국호의 표기 원칙이 고정되어 있지 않았다는 사실이다.

정리하면 조선민주주의인민공화국이라는 예비 국호가 본격적으로 등장한 것은 북로당과 남로당이 창당되던 1946년 하반기였다. 이는 공산당과 좌익계 민주 정당이 합당하면서 이전보다 더 민주주의가 강조되던 상황과 무관하지 않을 것이다. 그러나 사실 국호는 가급적 간결한 것이 좋다. 조선인민공화국만 해도 짧은 국호가 아닌데 네 글자를 덧붙이려니 입에 붙이기가 쉽지 않았을 것이다. 여기에 인공을 정치적 자산으로 여기는 남로당 주류와 이를 배격하려는 북로당 주류의 신경전이 얽혀 민주주의인민공화국은 한동안 인민공화국과 혼용되었다. 양단간에 결정을 내려야 하는 상황은 1947년 들어 빠른 속도로 다가왔다.

2장 통일 국호를 향한 마지막 승부

　　모스크바삼상회의 결의에 따라 한국인의 통일임시정부를 수립하기 위한 미소공위는 1946년 3월 20일 서울에서 처음 열렸다. 그러나 한 달 반밖에 안 된 그해 5월 6일 신탁통치를 둘러싼 논란으로 무기한 휴회에 들어갔다. 6월 3일 이승만은 전라북도 정읍에서 "남방만이라도 임시정부, 혹은 위원회 같은 것을 조직"[52]하자고 말해 단독정부 추진에 시동을 걸었다. 이에 맞서 중도파인 여운형과 김규식은 7월 25일 좌우합작위원회를 출범시켜 좌우를 망라한 통일임시정부의 싹을 살려 나가려 했다.

　　미군정은 이승만, 김구의 반탁 노선에 염증을 느끼고 이들과 거리를 두기 시작했다. 박헌영이 주도하는 남로당 세력에 대해서는 적극적인 탄압 정책을 벌였다. 그 대신 중도파의 좌우합작운동을 간접지원하면서 군정 산하에 한국인의 입법부와 행정부를 조직해나갔다. 미소공위가 재개되면 그곳에서 논의될 통일임시정부의 남한 측 모델을 제시하기 위함이었다. 이는 또한 북한에서 이미 작동 중이던 북조선임시인민위원회에 대응하는 차원이기도 했다. 1946년 12월 12일 남조선과도입법의원이 설치되고 이듬해에는 남조선과도정부가 출범했다. 미군정 치하의 기구들이 '남조선'이라는 칭호를 쓴 것은 미군정이 'Korea'의 번역어로 '조선'을 사용하고 있었기 때문이다.

북한은 1947년 2월 17~20일 도·시·군 인민위원회대회를 열어 북조선인민회의를 구성했다. 북조선인민회의가 '임시' 자를 뗀 북조선인민위원회를 출범시키면서 통일임시정부의 북한 측 모델도 의회와 내각의 체제를 갖추었다.

통일임시정부의 수립은 미소공위의 재개와 순항을 전제로 하고, 미소공위의 순항은 미소 협조 노선을 전제로 한다. 그러나 평화로운 전후 세계 질서의 전제였던 미소 협조는 1946년 들어 서서히 금이 가고 있었다. 그해 3월 5일 윈스턴 처칠Winston Leonard S. Churchill 전 영국 수상의 유명한 '철의 장막' 발언이 나왔다. 소련이 동유럽에 사회주의의 장막을 치고 있으니 경계해야 한다는 취지로, 미국 풀턴의 웨스트민스터대학교에서 명예법학박사 학위를 받으면서 한 말이다. 그로부터 1년이 흐른 1947년 3월 12일, 미국 대통령 해리 트루먼 Harry S. Truman이 그리스와 터키의 공산화를 막기 위해 행동에 나서겠다는 트루먼 독트린을 발표했다. 미소 협조를 미소 대결로 바꿔 놓은 냉전은 그때 본격적으로 시작되었다.

이처럼 국제 정세가 급변하던 1947년 5월 21일 제2차 미소공위가 열렸다. 그것은 통일임시정부를 실현할 수 있는 마지막 기회나 다름없었다. 유럽에서 시작된 냉전이 한반도에 상륙하면 희망은 사라질 것이기 때문이다. 그해 6월 미소공위는 남북의 각 정당·사회단체에게 통일임시정부의 조직, 구성, 정책 등에 관한 의견을 물었다. 많은 정당·사회단체가 이 자문諮問에 응하자 반탁운동에 나섰던 한민당 등 우익 계열도 답신안을 보내기로 했다. 남북을 합쳐 463개 정당·사회단체가 미소공위와 구두 협의에 참가할 것을 신청하고, 그 가운데 435개 단체가 답신안을 제출했다. 답신안을 제출한 남한의 정당·사회단체는 397개, 북한은 38개였다.[53]

미소공위에 제출된 답신안들은 해방 후 백출한 국가건설론의 집결장이었다. 답신안에는 민권, 정부의 일반형태, 정책 등에 관한 총체적 의견이 담겼으므로 당연히 국호도 제시되어야 했다. 민족적 칭호에서 좌우가 조선과 대한으로 갈리고, 국체의 칭호에서 남북의 좌익이 인민공화국과 민주주의인민공화국으로 갈렸다. 답신안을 둘러싼 논의는 통일 임시정부 수립의 마지막 기회였으나, 제2차 미소공위의 결렬과 함께 정국은 단독정부 수립 국면으로 선회하고 말았다. 그 결과 인민공화국은 남한에서 추방되고 북한에서는 민주주의인민공화국에 자리를 양보해야 했다.

1. 좌조선 우대한

미소공위 자문에 대한 답신안에서 한민당 중심의 임시정부수립대책협의회(임협)는 '대한민국', 남한의 좌익 계열을 망라한 민주주의민족전선(민전)은 '조선인민공화국'을 국호로 제시했다. 여운형·김규식·안재홍 등 중도파들이 주도한 시국대책협의회(시협)는 '고려공화국'을 국호안으로 내놓았다.

여기서 짚고 넘어갈 것은 여운형과 박헌영이 함께 선포했던 인공 대신 민전이 좌익 계열을 대표해 답신안을 내놓았다는 점이다. 인공이 미군정의 인정을 받지 못해 유명무실해진 이후 그 뼈대를 민전이 이어받았기 때문이다. 그렇다면 여운형은 왜 민전에 참여하지 않고 시협의 일원으로 별도의 답신안을 내놓았을까? 그는 인공을 창건하는 데 앞장섰지만 인공이 유야무야된 후에는 점차 민전과도 거리를 두고 좌우합작운동에 전념하고 있었다. 그래서 중도우파 계열의 좌우합작론자인 김규식과 함께 시협의 이름으로 답신안을 내놓고 국호도 고려공화국으로 제시했던 것이다.[54]

여기 거론된 민전, 시협, 임협 등은 남한 지역에서 활동하던 조직들이다. 북한의 38개 조직은 1946년 6월 14일 북조선민주주의민족통일전선(북민전) 산하 정당·사회단체 열성자보고대회를 열고 자신들의 답신안을 정리했다. 그 답신안에 담긴 국호는 조선민주주의인민공화국이었다.[55]

지역과 정파에 따라 선호하는 민족적 고유 칭호가 극명하게 나뉘는 답신안은 세간의 흥미를 자아냈다. 그리하여 "세칭 보수적 우익측은 대한이오, 자칭 진보적 좌익측은 조선이요, 통칭 회색적 중간측은 고려다", "소위 좌조선 우대한 (…) 남대한 북조선"이라는 도식화된 말이 나돌았다.[56]

그렇다면 좌조선 우대한 가운데 우위를 점한 쪽은 어디였을까? 해방 후 정치적 중심지였던 남한에서 결국 대한민국이 수립되고 조선이란 칭호가 추방되었으니 대한이 앞서 있었다고 봐야 할까? 그렇지 않다. 전반적인 사용 빈도는 조선이 더 높았다. 미군정이나 미소공위도 Korea의 번역어로 조선을 사용했고, 언론에서도 종종 조선을 썼다. 이승만이 한 미국 신문에 기고한 글은 국내 신문에 다음과 같이 번역 소개되었다. "현재 전 국민은 위대한 희생을 각오하고 통일 민주적 조신공화국 건설을 위하야 투생을 하고 있다."[57]

일반대중 사이에서 조선의 우위가 확고했음을 짐작케 하는 사례도 있다. 1947년 공개된 조선신문기자회의 여론조사가 그것이다. 그해 7월 3일 조선신문기자회는 서울 시내에서 2495명을 대상으로 '민주주의조선임시정부의 국호로 알맞은 것'을 물었다. 그 결과 '대한민국'이라는 대답은 '24% 강', '조선인민공화국'이라는 대답은 '70% 약'이었다.[58] 여기서 강強은 약간 넘는 수치, 약弱은 약간 모자란 수치를 뜻한다. 따라서 '24% 강'은 24%보다 조금 더 많다는 뜻이고 '70% 약'은 70%에 조금 못 미친다는 뜻이다.

같은 여론조사에서 정권 형태에 관한 질문에 대해서는 '종래제도' 14%, '인민위원회' 71%의 결과가 나왔다. 종래제도가 미군정을 말하는지 미군정 산하에 설치된 남조선과도정부를 말하는지는 알수 없다. 그러나 여론조사에 응한 서울 시민들이 조선인민공화국이라는 국호를 그 정치적 내용과 결부시켜 선호하고 있었다는 것은 분명하다. 또한 같은 해 7월 27일 춘천기자회가 춘천에서 실시한 여론조사는 국호에서 "대한민국 10% 조선인민공화국 79%", 정권형태에서 "현군정 1% 기타 7% 인민위원회 79%"의 결과가 나왔다.[59]

이 같은 사례들로 미루어볼 때 일반 대중에게 익숙한 민족적 칭호는 확실히 조선이었음을 짐작할 수 있다. 일제강점기 이래 사회주의 계열의 선택은 분명한 근거가 있었던 셈이다. 또한 일제강점기와 해방 후 사회주의 계열이 보여준 정치적 태도와 실천이 일반 대중에게 더 큰 신뢰를 받고 있었다는 것도 짐작할 수 있다.

그러나 이념적 분단으로 말미암아 조선과 인민공화국이라는 칭호는 남한에서 살아남을 수 없었다. 조선공산당이 주도한 1946년 9월 총파업과 10월 항쟁을 전후해 미군정은 남한에서 좌익 계열의 정치 활동을 압박해 들어갔다. 1947년 말 제2차 미소공위가 결렬되고 미국이 한반도 문제를 유엔에 상정한 뒤로는 북한으로 넘어가는 좌익 인사들이 줄을 이었다. 그와 더불어 남한은 이승만이 주도하는 반공 우익 세력의 독무대가 되었고, 단독정부 수립을 위한 국호 논의도 그 바탕 위에서 우익 일변도로 전개되었다. 북한에서는 그 반사작용으로 조선민주주의인민공화국이 점차 독보적인 예비 국호의 지위를 획득해나갔다.

2. 제3의 국호 고려

제2차 미소공위 답신안에서 제시된 예비 국호들의 특징을 '좌조선 우대한'으로 묘사한 사람은 동아일보 주필 설의식이었다. 그는 제2차 미소공위가 열릴지 말지도 알 수 없던 1946년 7월, 이미 국호의 민족적 칭호를 정하는 데서 염두에 두어야 할 원칙들을 제시한 바 있었다. 당시 널리 받아들여진 그 원칙 네 가지는 다음과 같다.

우리말과 우리글로 표현해야 할 것, 역사적으로 의거依據가 있어야 할 것, 가급적 우리 민족의 범칭이 돼야 할 것, 간단명료하여 부르기 쉽되 뜻은 깊고 너르고 융통자재融通自在하도록 돼야 할 것.[60]

설의식에 따르면 당시 좌우의 예비 국호를 대표하던 대한과 조선은 이 같은 원칙에 부합하지 않았다. 그는 자신이 제시한 기준에 따라 한민족의 새 나라라는 뜻에서 '새한'을 독립국가의 국호로 제시했다. 1947년 2월 동아일보에서 퇴임한 뒤에는 반순간半瞬間 잡지를 창간하면서 그 이름을 '신한민보新韓民報'라고 짓기도 했다.

1918년 8월 김규식, 여운형 등이 상하이에서 결성한 독립운동단체의 이름은 신한청년단新韓靑年團이었다. 여기서 '신한'은 1917년의 〈대동단결선언〉에서 1910년 8월 29일을 '구한국 최후의 날이자 신한국 최초의 날'이라고 한 것과 같은 취지로 쓴 말이다. 여운형은 그러한 맥락에서 구한국(대한제국)의 국호인 '대한'을 임정의 칭호로 쓰는 데 반대했다. 설의식의 새한은 바로 그 신한을 자신의 첫 번째 원칙에 따라 우리말로 풀어낸 이름이라고 할 수 있다.

그런데 정작 신한청년단의 일원이었던 김규식과 여운형은 제2차 미소공위 답신안에서 예비 국호를 '고려공화국'으로 제시했다. 두 사람은 설의식이 '통칭 회색적 중간 측'이라고 묘사했던 중도 계열 인사들이었다. 그들은 1946년 5월 제1차 미소공위가 무기 휴회에 들어간 이래 미군정이 간접 지원하던 좌우합작의 중심인물들이었다. 1946년 12월 미군정 산하에서 출범한 남조선과도입법의원의 의장은 중도 우파인 김규식이었다. 이듬해 5월 문을 연 남조선과도정부의 수반인 민정장관도 중도 우파로 좌우합작운동에 참여하고 있던 안재홍安在鴻이었다.

좌우합작 진영이 고려공화국을 예비 국호로 제시한 것은 좌우 양측의 국호안이 조선과 대한으로 나뉘어 치열하게 대립하고 있던 사정과 관계된다. 좌우합작 진영은 어떻게든 좌우 정치 세력의 갈등을 봉합하고 합의점을 찾아내어 전 민족적 임시정부를 구성하고자 한 사람들이었다. 따라서 정강 정책뿐 아니라 국호에서도 좌우의 선호가 분명한 대한과 조선 대신 제3의 칭호를 채택할 필요가 있었던 것이다.

이처럼 좌우합작을 추진한 중도파는 1947년 7월 19일 여운형이 암살당하면서 급격히 위축되어갔다. 여운형 암살은 좌우합작에 반대하는 우익 세력의 소행이었다. 중도파가 내걸었던 고려공화국 국호는 우익 세력 일부에 의해 잠시 주장되기도 했으나 대한에 압도당하고 만다.

민족의 칭호로 고려가 부활한 것은 1973년의 일이었다. 그해 6월 23일 김일성은 〈조국통일 5대 방침〉을 발표하면서 '고려연방공화국'이라는 단일 국호에 의한 남북연방제를 실시하자고 제안했다. 1980년 10월 조선로동당 제6차 대회에서는 이 국호에 '민주'라는 수식어를 붙여 〈고려민주연방공화국 창립방안〉을 제시했다. 여기서 북한이 남북을 포괄하는 연방국가의 국호로 고려를 제시한 것은 남과 북이 대한과 조선이라는 서로 다른 민족적 칭호를 쓰고 있기 때문이었다. 해방 공간에서 좌우합작 진영이 고려공화국을 예비 국호로 제시한 것과 같은 맥락이다. 이래저래 역사가 깊고 다양했던 탓에 생긴 고민거리가 아닐 수 없다.

3. 남북 사회주의자들의 신경전

앞서 1946년 후반기에 좌익계 정당들이 남한과 북한에서 각각 합당해 남로당과 북로당이 출범한 과정을 살펴본 바 있다. 이처럼 공산당이 다른 좌익계 정당과 통합하는 현상은 동독을 비롯한 동유럽에서도 전개되고 있었다. 미소 협조가 대립으로 변화하는 추세 속에서 좌우의 통일전선 대신 좌익의 대단결을 모색하는 스탈린의 노선 전환이 감지되는 대목이다. 그해 7월 중순 박헌영과 김일성이 모스크바를 방문해 스탈린과 면담하는 자리에서도 이 같은 좌익 통합 이야기가 나온 것으로 알려졌다.[61]

북로당은 소련의 지원을 받으며 순조로운 길을 걸었지만, 남로당은 출범하기도 전에 조선공산당에 대한 미군정의 탄압으로 가시밭길을 걸어야 했다. 미군정은 1946년 5월 초 조선정판사라는 곳에서 발견된 위조지폐에 조선공산당이 관련되어 있다면서 탄압을 개시했다. 이에 박헌영은 미군정에 대한 협조를 철회하고 대결 노선을 추구하는 '신전술'을 채택하는 것으로 대응했다. 9월 7일 미군정이 박헌영 체포령을 내린 가운데 그달 23일 남한 전역에서 9월 총파업이 일어나 양자의 대결은 극단으로 치달았다. 10월 들어 노동자들의 총파업이 대구 지역을 중심으로 일반 민중의 항쟁으로 확산되자 박헌영은 미군정의 추적을 피해 월북한다. 남로당은 이처럼 핵심 지도부가 북한 지역으로 넘어가 있는 상황에서 11월 23일 출범한 것이다.

조선공산당 시절에는 박헌영이 전국적인 공산당의 영수로 김일성의 분국을 이끌었지만, 남로당과 북로당의 역학관계는 북쪽으로 기울 수밖에 없었다. 미군정의 탄압으로 남로당의 활동이 위축될 수밖에 없었던 데다 지도부가 북한으로 '망명'한 상태였으니 말이다. 그러나 한반도의 중심이 서울인 한 통일임시정부를 수립하기 위한 노력에서 남로당의 역할과 위상은 결코 무시할 수 없는 것이었다. 남북의 좌익은 바로 이 같은 상황에서 제2차 미소공위를 맞았다.

제2차 미소공위 답신안에 나타난 국호안에서 좌조선 우대한 만큼이나 눈길을 끄는 것이 인민공화국과 민주주의인민공화국의 대립이다. 앞서 본 것처럼 남로당과 민전은 전자를, 북로당과 북민전은 후자를 답신안에서 주장했다.

그런데 국호를 둘러싼 남북 좌익의 이 같은 차이는 어쩌면 없었을 수도 있다. 민전 사무국도 1947년 6월 17일 답신안의 원칙을 결정하면서 북민전처럼 조선민주주의인민공화국을 국호로 제시했기 때문이다.[62] 남북의 좌익이 국체의 칭호를 민주주의인민공화국이라고 하기로 보조를 맞추었던 셈이다. 그러나 나흘 뒤인 6월 21일 반전이 일어났다. 민전 의장단중앙상임위원·산하정당단체대표자회의라는 긴 이름의 회의에서였다. 여기서 민전 답신안의 국호를 조선인민공화국으로 변경하고 남로당 기관지인《노력인민》이 이를 대서특필했다.[63]

6월 17일과 21일 사이의 나흘 동안 무슨 일이 있었을까? 6월 18일 남로당 중앙확대위원회에서 미소공위 협의에 참가할 당의 대표로 박헌영 중앙위원회 위원장을 선출한 것 말고는 눈에 띄는 상황 전개가 없다. 구체적 내막은 알 수 없지만, 민전을 주도하던 남로당의 답신안을 살펴보면 반전의 정치적 의미는 짐작할 수 있다.

> 수립될 정부의 형태는 (…) 해방 직후 조선 인민이 그들의 손으로 창설하야 결사적으로 지지를 표명하였고 그 후 2년간 계속 지지하여온 조선인민공화국과 모스크바 3상회의에서 결정한 임시정부 그것이다. 우리 정부의 형태는 인민의 요구와 연합국의 규정을 모순 없이 민주주의적 원칙 우에서 결합시킨 조선인민공화국 통일임시정부가 아니면 아니된다. 이것은 현 단계에 있어서는 인민의 요구의 가장 적합하고 가장 민주주의적인 인민적 민주주의 공화체이다.[64]

여기서 볼 수 있는 것처럼 남로당은 '조선인민공화국'이라는 국호와 '인민적 민주주의 공화체'라는 정치체제를 강조하고 있다. 북민전과 민전이 함께 채택했던 민주주의인민공화국 대신 인민공화국을 내세우고 강조한 까닭은 무엇일까? 인민공화국과 민주주의인민공화국은 세부에서 차이를 보이기는 하지만 기본 성격은 다르지 않다. 그러나 남로당은 '인민의 지지'를 내세워 인민공화국을 고수했다. 남로당이 이렇게 한 것은 북로당과의 경쟁 구도를 의식해 기존의 주도권을 잃지 않으려는 계산의 소치로 보인다.

당시만 해도 소련은 인민공화국과 민주주의인민공화국의 두 칭호 사이에서 어느 쪽의 손을 들어주지 않고 있었다. 미소공동위원회 소련 대표 테렌티 스티코프Терентий Фомич Штыков가 1946년 말에 쓴 일기를 보면 인공의 정통성을 부정하지 않고 있다.

> 남조선민주주의민족전선은 다음과 같은 강령과 선언하에 행동해야 한다. (…) 각급 인민위원회와 인민공화국народная республика은 인민의 대표자로 등장했으며 권력을 접수하여 통치하기 시작했다.[65]

남로당 답신안에서 인민공화국과 함께 강조한 '인민적 민주주의 공화체'라는 표현도 짚고 넘어갈 필요가 있다. 이는 단순히 1920년대 이래 사회주의자들이 내걸어온 '인민이 주도하는 민주공화국' 슬로건을 반복한 것이 아니다. 앞에서 살펴본 것처럼 박헌영은 이미 1946년 4월부터 '인민적 민주주의'라는 말을 쓰고 있었다. 그는 그해 4월 20일 민전 중앙위원회에서 다음과 같은 보고를 하고 있다.

> 독일파시즘으로부터 해방된 동구라파 제국가에서 민주주의의 역사적 새 형태인 인민적 민주주의가 발전하고 있는 것처럼 일본 제국주의

로부터 해방된 조선에서도 이 민주주의 새 형태가 가장 적당하다고 본다.[66]

이 보고의 '인민적 민주주의'는 1945년부터 동유럽에서 회자되다가 1947년 소련에서 정식화된 '인민민주주의'와 같은 말이다. 인민민주주의는 부르주아민주주의와 구별되는 사회주의의 특수한 전단계를 의미한다. 1945년 9월의 스탈린 훈령에서만 해도 동유럽과 아시아에서 사회주의자들이 추구할 정권 형태는 부르주아민주주의 정권으로 정의되었다. 그러나 인민민주주의가 '민주주의 새 형태'로 제시되면서 서서히 부르주아민주주의를 대체해갔다. 1946년 4월의 보고 이후 박헌영과 남로당의 문헌에서는 차츰 부르주아민주주의가 사라지고 위 답신안처럼 인민적 민주주의가 전면적으로 쓰이게 되었다.

물론 답신안에서 인민적 민주주의가 이론적으로 엄밀하게 표현된 것은 아니다. 그러나 해방 직후 나온 〈8월 테제〉의 부르주아민주주의와 다른 것만은 분명하다. 이 같은 '인민적 민주주의(인민민주주의)'는 향후 북한의 정부 수립과 초기 사회경제 건설 과정에서 중요한 역할을 하게 된다.

이처럼 남로당이 2년간 인민의 지지를 받아왔다는 인민공화국을 내세워 임시정부의 체제를 구상하고 있을 때 북로당은 어떤 생각을 하고 있었을까? 북민전과 보조를 맞춰 제출된 북로당의 답신안을 들여다볼 차례다.

모쓰크바 삼상회의의 결정에 의하여 민주주의적 기초 우에서 자주독
립국가로 발전할 가능성을 보장받은 조선은 이러한 국제협약에 충실
하여 세계 민주주의 평화의 공고 발전에 공헌하며 장기간의 일본제국
주의의 노예통치의 잔학한 압박과 착취 밑에서도 부단히 투쟁하여온
조선 인민의 열렬한 요구에 적응하기 위하여 인민 자신이 국가의 모든
주권을 장악한 민주주의인민공화국이 되지 않아서는 안 된다. (⋯) 조선
인민은 임시정부와 지방인민위원회를 통하여 온갖 주권을 소유하여야
한다.[67]

북로당은 북민전이 확정한 답신안대로 민주주의인민공화국을
국호로 내세우고 있다. 이 국호가 남로당의 인민공화국과 다른 것은
단지 민주주의 네 글자가 추가되었다는 점만은 아니다. 북로당은 권
력의 기반이 되는 인민위원회에 대한 생각부터 남로당과 달랐다. 남
로당이 말하는 인민위원회는 "1945년 9월 6일 남한에서 만들어진
인민공화국과 그 이후 건준 지부 등을 개편한 지방인민위원회를 가
리키는 것"이었다. 반면 북로당은 인공 수립 이전부터 인민에 의해
자발적으로 만들어진 인민위원회를 강조한다. "미·소 양군이 들어
오기 전에 조직된 인민위원회를 발전시킨 것"이 민주주의인민공화
국이라고 한다. 그러한 인민위원회를 기반으로 1947년 2월 북조선
인민위원회가 발족했고, 이 북조선인민위원회를 모델로 민주주의
인민공화국을 출범시키겠다는 것이다.[68]
　당시 남한의 인민위원회는 미군정의 탄압을 받아 무력화되고 있

던 반면 북조선인민위원회는 정권 형태로 완성되고 있었다. 북로당은 이처럼 유리한 조건을 발판으로 남로당과의 경쟁에서 주도권을 쥐고자 했다. 통일임시정부 구성을 위한 선거에서도 "이미 (선거를 통해) 지방인민위원회로 조직하여 현재 존재하고 있는 것은 이를 제외"[69]한다는 조항이 그런 의도를 읽게 해 준다. 북한에서는 이미 도·시·군 인민위원회 지방선거를 통해 정권 형태가 완성되어 있으니 또 선거를 할 필요가 없고, 남한 지역에서만 마저 선거를 하면 된다는 것이다.

이처럼 북로당의 예비 국호로 자리 잡게 된 민주주의인민공화국에는 민주주의와 인민이 함께 들어 있다. 그 가운데 좀 더 특별한 의미를 지니는 것은 민주주의이다. 민주주의인민공화국이 기존 인민공화국과 경쟁관계에 있었다는 사실 때문이다. 그 민주주의는 종래의 부르주아민주주의일 수도 있고 조선신민당의 신민주주의일 수도 있으며 남로당이 강조한 인민적 민주주의일 수도 있다. 이 같은 민주주의의 의미는 북한의 국호를 제정하는 과정에서 구체적으로 드러나게 된다.

3부

통일의 코드에서
분단의 코드로

지금까지 우리는 일제강점기와 해방 직후의 국호 논의를 중심으로 독립국가 건설 운동을 살펴보았다. 그 과정에서 두각을 나타낸 예비 국호는 대한민국과 조선인민공화국이었다. 해방 직후 좌익 사회주의 계열이 조선인민공화국을 선포하자 이에 맞선 우익 민족주의 계열은 임정의 정통성에 의지해 대한민국을 내세웠다. 두 예비국호는 1947년 5월 이래 제2차 미소공위의 임시정부 수립 논의에서도 주된 대립 구도를 이루었다. 변수가 있었다면 좌우합작을 추진한 중도 세력이 민족적 칭호에서 대한도 조선도 아닌 고려를 제시했다는 것, 북한의 좌익 계열이 조선인민공화국에 '민주주의'를 삽입하자고 나섰다는 것 정도였다.

제2차 미소공위가 초반의 순항을 이어가지 못하고 좌초할 위기에 빠지자 국면은 완연히 달라졌다. 지금까지 좌우로 나뉘어 전개된 국호 논의는 어

디까지나 통일독립국가의 국호를 둘러싸고 경쟁하는 구도 위에서 이루어
졌다. 그러나 이제는 남북이 현실적으로 각각의 단독정부를 모색하는 가
운데 국호 논의도 남북에서 따로따로 이루어지게 되었다. 단독정부를 추
진하는 정치 세력들은 그것이 어디까지나 통일을 전제로 한 임시 조치일
뿐이라는 명분을 내밀었다. 그러나 삼팔선을 사이에 두고 팽팽하게 맞서
고 있는 미소와 남북이 각각 단독정부를 추진하는 한 그것이 단시일 내에
통일정부로 이어질 전망은 희박했다.

대한민국과 조선인민공화국을 비롯한 모든 예비 국호는 이제 더 이상 통
일의 코드가 아니라 분단의 코드로 남북한에서 각각 택일될 운명을 맞이
하고 있었던 것이다.

1948년 8월 15일, 서울 중앙청(구 미군정청)에서 대한민국 정부 수립 국민축하식을 하고 있다.

1948년 9월 9일, 조선민주주의인민공화국 정부가 수립되었다. 스탈린과 김일성의 사진을 든 사람들이 평양 거리에서 정부 수립을 기념하는 행진을 하고 있다.

1장 대한민국으로 가는 길

　동서 냉전이 한반도에 상륙하는 과정에서 먼저 움직인 것은 미국이었다. 1947년 9월 17일 미국의 조지 마셜George C. Marshall 국무장관은 한반도 문제를 유엔에 이관할 것을 제안하고 소련은 이를 거부했다. 미국이 주도하는 유엔에 한반도 문제를 넘긴다는 것은 모스크바 삼상회의 결정을 뒤집고 한반도 문제를 미국 일변도로 처리하겠다는 것을 의미했기 때문이다. 결국 미소공위는 급격히 동력을 잃고 10월 21일 소득 없이 최종 결렬되었다. 11월 14일 유엔 총회는 임시한국위원단 설치안을 통과시키고 유엔 감시하에 남북한 총선거를 치를 것을 결의했다.

　이듬해인 1948년 1월 8일 유엔임시한국위원단이 방한했다. 1월 23일 소련이 그들의 입북을 거부하면서 냉전은 마침내 한반도에 상륙했다. 이 같은 현실에서 유엔 감시하의 총선거를 강행한다면 그것은 삼팔선 이남에서 이루어질 수밖에 없었다. 2월 26일 유엔 소총회는 바로 그 현실을 감안해 한반도의 가능한 지역에서 총선거를 치른다는 안을 통과시켰다. 남한만의 단독선거(단선)와 그에 따른 단독정부(단정)의 탄생이 눈앞에 다가온 것이다.

모스크바 삼상회의에 입각한 미소공위가 결렬되자 삼상회의 결의에 대한 반대를 고리로 협력하던 이승만과 김구도 다른 행보를 보였다. 이승만은 유엔임시한국위원단과 협의하면서 남한만의 단독선거를 주장했다. 반면 김구는 단독선거에 반대하면서 미소 양군이 철수한 뒤 남북을 아우른 자유 총선거를 실시하자고 주장했다. 반탁으로 맺어진 김구와 이승만의 동맹은 깨지고 남한의 정치 지형은 급속히 단정에 대한 찬반으로 재편성되었다.

미군정이 단정 지지로 돌아선 이상 시간은 단정 추진에 정치적 운명을 걸어온 이승만의 편이었다. 민족 칭호를 놓고 조선, 고려, 한, 신한 등이 논리 대결을 벌이던 국호 논쟁은 대한민국으로 기울어갔다. 1948년 5월 10일 총선거에 따라 구성된 제헌국회는 헌법을 제정하면서 대한민국을 국호로 결정했다. 그것은 토론의 결과가 아니라 임정의 권위와 인기를 의식한 이승만의 정치적 결정이었다.

대한민국 국호의 정치적 저작권자는 엄밀히 말해서 김구와 임정이고 그 국호에 담긴 정신은 통일독립국가였다. 김구는 임정의 정신과 어긋나는 단독정부가 대한민국 국호를 쓰는 데 단호히 반대했지만, 결과를 바꾸지는 못했다. '조선'이라는 칭호와 국가의 주권자로 제시된 '인민'은 북한에서 쓴다는 이유로 국호를 비롯한 헌법 조문에서 배제되었다. 이후 남한에서 조선과 인민은 이념적으로 기피되고 금지된 용어가 되었다.

1. 남한이 헌법 제정에 나서다

헌법은 현대 국가의 조직, 구성 및 작용에 관한 근본법이다. 따라서 국가를 수립하려면 헌법부터 만들어야 한다. 해방 후 대다수 정치 세력은 통일독립국가의 건설에 동의하고 있었으므로 헌법을 만든다면 그리한 통일국가의 헌법일 터였다. 제2차 미소공위의 자문에 따라 남북한의 정당·사회단체들이 제출한 답신안은 그러한 헌법의 내용에 대한 각자의 생각을 담고 있었다.

그런데 아직 제2차 미소공위가 진행되고 있던 1947년 8월 남한에서 〈조선임시약헌朝鮮臨時略憲〉이라는 법안이 통과되었다. 미군정이 출범시킨 남조선과도입법의원에서 벌어진 일이었다. 물론 '약헌'은 약식 헌법이라는 뜻으로 장차 통일 정부의 헌법이 제정될 때를 대비해 골격을 마련해놓는다는 의도를 가지고 있었다. 그렇다고 해도 미군정청 산하 기관에서 이 같은 약식 헌법이 마련되고 있는 것은 북한 측을 자극해 북한의 독자적 헌법 제정을 부추기는 결과를 낳았다.

남조선과도입법의원은 어떤 정치 세력들로 구성되어 있었고 〈조선임시약헌〉은 어떤 과정을 거쳐 통과되었을까? 다가오는 냉전의 칼바람 앞에서 미군정은 이 법안에 대해 어떤 태도를 취했을까? 해방 후 처음으로 벌어진 헌법 논의의 현장으로 들어가보자.

미군정은 1946년 8월 24일 남조선과도입법의원 창설 계획을 밝히고 그해 12월 12일 이를 출범시켰다. 의원 정수 90명 가운데 절반인 45명은 10월 26일 선거를 통해 뽑고, 나머지 45명은 12월 7일 미군정이 임명했다. 좌우합작을 추진하던 당시 미군정의 방침을 반영해 의장은 중도 우파인 김규식이 맡았다. 이렇게 문을 연 남조선과도입법의원은 단정을 추구하는 우익과 좌우합작을 추구하는 중도파의 대결장이었다. 미군정과 대결 상태에 있던 남로당, 민전 등 좌익은 그곳에서 힘을 쓸 수 없었다.

이승만과 한민당의 우익 계열은 1946년 5월 제1차 미소공위가 무기 휴회한 이래 단정을 추구해왔다. 대표적인 것이 1946년 6월 단정의 필요성을 제기한 이승만의 정읍 발언이었다. 그해 말 들어 미소공위가 재개될 움직임을 보이자 그들은 더욱 더 단정을 향해 가속 페달을 밟았다. 1947년 3월 3일 한민당 소속 서상일徐相日 등 55명의 의원이 남조선과도입법의원에 제출한 〈과도약헌안〉은 그런 노력의 일환이었다.[1] 미군정은 이 약헌안을 한민당 작품으로 생각하고 공동발의자 55명을 극우파로 분류했다.

중도파 의원들은 〈과도약헌안〉이 독재주의로 일관하고 있으며 남조선 단독정부를 의미하는 조례가 될 것이라고 비판했다. 따라서 이 약헌안이 추구하는 과도적 임정은 결국 통일 독립을 지연시키게 될 것이라고 우려했다. 그해 4월 21일 중도파 의원들은 〈과도약헌안〉을 견제하기 위해 〈조선민주임시헌법안〉을 제출했다. 미군정 보고에 의하면 우익의 〈과도약헌안〉이 남한만을 위해 고안된 데 반해 중도파의 〈조선민주임시헌법안〉은 한반도 전체에 적용될 것을 염두에 두고 있었다. 또한 후자는 전자에 없던 '민주적 특징'과 '계획경제의 특징'을 포함하고 있었다.[2]

〈과도약헌안〉과 〈조선민주임시헌법안〉은 임시헌법기초위원회의 논의를 거쳐 〈조선민주임시약헌안〉으로 통일되었다. 제2차 미소공위가 열리고 있던 7월 내내 남조선과도입법의원은 이 통일안의 채택을 놓고 열띤 토론을 벌였다. 쟁점 가운데는 당연히 예비 국호를 둘러싼 대립도 있었다.

7월 16일 열린 〈조선민주임시약헌안〉 제2독회에서 원세훈元世勳 의원은 '조선'과 '민주'를 표제에 넣는 데 반대했다. 우리 역사에서 조선은 '역적의 조선', '치욕의 조선'이고 민주는 법안 이름이 될 수 없다는 이유에서였다. 이순탁李順鐸 의원은 '남조선임시약헌'이라 하자고 제안했다. 두 의원의 주장에 대해 임시헌법기초위원회 위원장 김붕준金朋濬은 다음과 같이 반박했다.

> 조선은 국호가 아니라 법안의 가명사에 불과하며, 민주는 백성이 다스리는 조선이라는 의미입니다. (…) 남조선을 표제에 넣는 것은 조선을 양분해 북조선 사람들을 이 헌법에서 脫籍(탈적)하는 것입니다.[3]

이 같은 논의를 거쳐 남조선과도입법의원의 임시헌법은 최종적으로 〈조선임시약헌朝鮮臨時略憲〉이라는 이름을 갖게 되었다. 7장 67조로 이루어진 〈조선임시약헌〉은 제2차 미소공위가 최종 결렬되기 전인 8월 6일 남조선과도입법의원을 통과했다. 이 약헌의 제1조에 따르면 "조선은 민주공화정체"이고 제4조는 "조선의 국민은 좌기 각항 정책의 확립에 의하야 생활 균등권을 향유"한다고 명문화했다.

이 조항들에는 민주주의와 평등권을 강조한 중도파의 입장이 반영된 것으로 보인다. 그러나 남한 지역의 임시헌법을 만드는 것이 단정을 추구하는 우익의 전략이었으므로 〈조선임시약헌〉의 통과는 우익의 승리이기도 했다.

남조선과도입법의원은 어디까지나 미군정 산하의 임시 기구였기 때문에 〈조선임시약헌〉이 발효되려면 미군정의 승인이 필요했다. 5개월에 걸쳐 약헌안을 논의했던 의원들에게는 유감스럽게도 미군정은 승인을 보류했다. 11월 20일 찰스 헬믹Charles G. Helmick 군정장관 대리는 남조선과도입법의원에 다음과 같은 편지를 발송해보류의 이유를 밝혔다.

> 입법의원이 제정한 약헌은 대표성에 문제가 있고, 약헌으로 구성될 남조선 정부는 통일 과정에 장애가 될 것이다. 무엇보다 헌법은 통일한국의 대표에 의해 승인되고 통일한국을 위한 기초가 되어야 하지만 약헌은 남조선에만 적용된다. 다만 약헌은 장차 통일정부의 헌장 작성에 기본이 될 것이며, 정치적 의향에 대한 귀중한 기여가 될 것이다.[4]

헬믹이 승인을 보류한 것은 〈조선임시약헌〉만이 아니었다. 중도파 의원들이 강력하게 밀어붙였던 〈친일파처벌법〉도 함께 보류했다. 이에 대한 남한 정치권의 반응은 정파에 따라 갈렸다. 우익 정당·사회단체 연합회 대표들은 11월 25일 이승만의 거처인 이화장에서 모임을 갖고 미군정의 〈조선임시약헌〉 거부권 행사를 비난했다. 그들은 남조선과도입법의원이 존재할 의의가 없어졌다면서 입법의원 해체운동을 전개하기로 합의했다. 반면 중도파 의원들은 〈조선임시약헌〉의 보류를 지지하면서도 〈친일파처벌법〉의 보류는 강하게 반대했다.[5]

그렇다면 미군정은 왜 두 법안에 대한 승인을 보류한 것일까? 남조선과도입법의원이 출범하던 시기와는 달라져 버린 성국에 그 이유가 있었다. 미군정은 좌우합작을 통한 통일임시정부를 추구하면서 남조선과도입법의원과 남조선과도정부를 그 도구로 생각한 바 있었다. 그러나 제2차 미소공위가 결렬되고 한반도 문제가 유엔에 회부되면서 미군정의 노선도 전환될 수밖에 없었다. 이제 미군정의 역할은 유엔 감시하의 총선을 관리하는 데로 집중되었고, 헌법의 제정은 그러한 총선을 통해 구성될 국회의 몫일 수밖에 없었다. 12월 9일 남조선과도입법의원 제180차 회의에 참석한 헬믹은 이 같은 미군정의 입장을 간결하게 천명하고 있다.

약헌의 채택은 이 시기에 부적당하며 유엔의 임무를 매우 복잡하게 만들 것입니다. (…) 유엔위원회 감시하에 실시되는 총선거로 구성될 의원들이 국가정부를 수립할 기관이 될 것입니다.[6]

2. 헌법을 싸고도는 국회 풍경

미국이 주도하는 유엔의 감시 아래 1948년 5·10총선이 치러지고 제헌국회가 구성되었다. 제헌국회는 이름 그대로 헌법을 제정하는 국회를 말한다. 그해 5월 31일 개원한 제헌국회는 곧바로 헌법제정위원회를 구성하고 남한 지역에만 실질적으로 효력이 미칠 헌법의 제정 작업에 들어갔다. 이 과정에서 〈조선임시약헌〉은 단지 참고용이었을 뿐이다.

헌법의 제목과 제1조를 장식하는 것이 국호다. 제헌헌법을 둘러싼 논의가 국회 안팎에서 전개되는 가운데 국호에 관한 논의도 다시 한 번 불붙었다. 김구를 중심으로 한 임정 세력이 통일정부 수립 노선을 견지하면서 단선에 참여하지 않았고, 좌우합작을 추진하던 중도 세력도 상당수가 단정에서 배제되었다. 따라서 제헌국회의 구성은 우익 중에서도 단정을 추구해오던 이승만 계열과 한민당 계열로 기울어 있었다.

우익 세력은 해방 직후 좌익의 인공과 싸우는 과정에서 임정의 정통성에 기대어 대한민국을 자신들의 단일 예비 국호로 내밀었다. 그러나 이제 제헌국회가 우익 일변도로 구성되자 그들 내부에서도 역사관이나 정치관에 따라 다른 국호안이 국회 안팎에서 제시되곤 했다. '헌법의 아버지'로 불리는 유진오兪鎭午는 시종일관 '조선'을 선호했고, 이승만 세력과 제헌국회의 양대 축을 이루었던 한민당 계열은 '고려'를 들고 나왔다. 그밖에도 조선, 대한, 한, 새한, 고려 등 다양한 의견이 제출되어 치열한 논리 대결을 벌여나갔다.

결국 제헌국회가 선택한 국호는 예전부터 우익의 대표 예비 국호로 떠올랐던 대한민국이었다. 임정 세력이 단정을 거부하고 제헌국회에 참여하지 않았는데도 대한민국이 압도적인 지지를 받을 수 있었던 이유는 이승만이다. 한때 임정으로부터 탄핵을 받기까지 했던 그였지만 임정의 정치적 상징성과 대중적 인기를 자신의 것으로 만들기 위해서는 대한민국이 필요했던 것이다. 그렇게 대한민국은 삼팔선 이남에 들어서게 될 분단국가의 국호가 되었다.

5월 10일의 총선거가 실시되기 선에 헌법 초안을 만드는 작업은 이미 시작되고 있었다. 헌법 제정 작업에는 당연히 국호 논의도 수반되었다. 앞서 이야기한 것처럼 국호 논의는 헌법 제1조 문장을 둘러싼 논의이고 국호 제정은 헌법 제정의 선결 요건이 된다.

제헌국회에 부칠 헌법 초안은 크게 법학자 유진오俞鎭午의 안과 남조선과도정부 법제처 차장 권승렬權承烈의 안이 있었다. 전자는 신익희申翼熙가 주도한 행정연구회와 합작한 안이고, 후자는 남조선과도정부 사법부 산하 법전편찬위원회의 안이었다. 5월 31일 개원한 제헌국회는 헌법기초위원회를 꾸리고 〈유진오·행정연구회 합작안〉을 주축안으로, 〈권승렬안〉을 참고안으로 삼아 심의를 진행하게 된다.[7]

'헌법의 아버지'로 불리는 유진오가 헌법 초안을 마련하기 시작한 것은 남한 지역의 총선거가 결정된 직후인 1948년 3월이었다. 그때 남조선과도정부 법전편찬위원회의 헌법안기초분과위원회가 유진오에게 헌법안 기초를 의뢰했다. 유진오는 이 헌법 초안의 전문前文에서 국호를 조선으로 적었다. "유구한 역사와 전통에 빛나는 우리들 조선인민은 우리들과 우리들의 자손을 위하야" 헌법을 제정한다면서 "조선은 민주공화국"이라고 명시한 것이다. 유진오는 5월초 법전편찬위원회에 헌법 초안을 제출할 때에도 제1조에 "조선은 민주공화국"이라는 조문을 유지했다.[8]

같은 시기에 임정 내무부장 출신 신익희가 일제강점기의 행정 관료들을 중심으로 꾸린 행정연구회도 헌법 초안을 준비하고 있었다. 이 단체는 임정 요인들이 귀국한 직후인 1946년 1월부터 최하영崔夏永, 윤길중尹吉重 등을 중심으로 헌법 초안을 연구하고 있었다. 친일 경력 때문에 공개 활동에 제약이 있었던 행정연구회는 유진오와 접촉했고, 5월 14일부터 그들의 헌법 초안 심의에 유진오가 참여하게 되었다고 한다.[9] 제헌국회에 제출될 〈유진오·행정연구회 합작안〉은 그렇게 만들어졌다.

전문과 부칙을 포함해 108조로 구성된 〈유진오·행정연구회 합작안〉의 제1조는 "한국은 민주공화국이다."라고 되어 있다. 유진오가 법제편찬위원회에 제출한 헌법 초안에서 조선이라고 되어 있던 것이 한국으로 바뀐 것이다. 유진오의 조선이 미군정에서 Korea의 번역어로 쓰던 관용어라면 합작안의 한국은 행정연구회가 주장한 예비 국호였다. 합작안은 이어서 제2조에 "한국의 주권은 인민에게 있고 모든 권력은 인민으로부터 발한다."라고 규정하고 있다. 여기서 기본권의 주체를 '인민'으로 명기하고 있는 사실에 주목할 필요가 있다.

이에 반해 제헌국회에서 참고안으로 채택된 〈권승렬안〉은 국호를 '대한민국', 기본권의 주체를 '국민'으로 명기하고 있다. 국호를 대한민국으로 제시한 것은 그것이 해방 이래 우익의 예비 국호로 자리 잡아왔다는 점이 가장 큰 이유였다. 그밖에도 일본으로부터 배상을 받으려면 일본이 멸망시킨 '대한국'이란 칭호를 써야 청구권을 행사할 수 있다는 설명도 있었다.[10] 기본권의 주체로 인민 대신 국민을 내세운 데 대해 권승렬은 이렇게 설명한다.

> 역사적으로 보면 인민이 먼저고 국민이 나중이다. 인민이 국가를 구성하였을 때 비로소 국민이 생긴다. 그런데 헌법은 어디까지나 국가와 그 국가의 구성원인 국민 사이의 약속이므로 기본권의 주체도 '국민'으로 표현함이 타당하다.[11]

권승렬은 이 같은 논리의 연원을 임정의 헌법 문서들에서 찾는다. 그 문서들에서는 '대한민국의 인민', '국민' 등의 용어를 사용한다. 여기서 대한민국의 인민도 권승렬이 말하는 국민과 같은 내용으로 볼 수 있다는 것이다. 앞서 살펴본 남조선과도입법의원의 〈조선임시약헌〉에서도 기본권의 주체는 국민으로 표현된다. 인민과 국민의 대립은 제헌국회의 논쟁을 거쳐 국민으로 정리되는데, 그때 유진오의 항변은 잠시 후 살펴보기로 하겠다.

두 개의 헌법 초안이 마련된 가운데 1948년 5월 31일 제헌국회가 열렸다. 이날 오전의 제1차 회의에서 임시의장으로 취임한 이승만은 의미심장한 발언을 한다. 헌법 논의가 본격적으로 시작되기도 전에 "대한민국 독립민주국 제1차 회의를 여기서 열게 된 것을 우리

가 하나님에게 감사해야 할 것"[12]이라고 선언한 것이다. 제헌국회의
논의 사항 중에서도 가장 첨예한 쟁점 중 하나가 국호 문제였다. 이
승만은 이를 겨냥해 '대한민국'을 국호로 못 박는 듯한 발언을 한 것
이다.

이튿날인 6월 1일 제헌의회는 헌법제정에 착수해 6월 3일부터
의원 30명으로 구성된 헌법기초위원회가 열렸다. 예상했던 대로 헌
법기초위원회에서는 국호 문제를 놓고 격론이 벌어졌다. 특히 한민
당 소속으로 헌법기초위원회에 참여하고 있던 조헌영趙憲泳 의원이
'고려민국高麗民國'을 국호로 주장하고 나선 것은 주목할 만하다. 한
민당은 해방 직후 인공에 맞서 임정 세력, 이승만 세력과 힘을 합쳐
대한민국을 국호로 밀어붙이던 주역이었다. 1947년 6월 제2차 미소
공위에 답신안을 제출할 때에도 한민당은 다른 우익과 함께 대한민
국을 국호로 제시했다. 그랬던 한민당이 고려를 내세우며 이승만의
대한민국에 제동을 건 것이다.

이 같은 국호 문제는 헌법 제정 과정에서 실질적으로 가장 큰 쟁
점이 되었던 권력 구조의 문제와도 관련이 없지 않을 것이다. 친일 지
주와 자본가 중심으로 구성된 한민당과 미국에서 독립운동을 하던
이승만 사이에는 처음부터 정치적 간극이 있었다. 반공과 단정을 고
리로 협력하던 양 세력은 단정 수립이 가시화되자 권력 구조를 놓고
힘겨루기에 들어갔다. 개인적 권위를 내세운 이승만이 대통령중심제
를 선호한 반면 한민당은 이승만을 집단적으로 견제하기 위해 내각
중심제를 주장했다. 그러한 권력투쟁의 과정에서 한민당 계열이 내

심 선호하던 민족적 칭호인 고려가 수면 위로 올라오게 된 것이다.

앞에서 살펴본 것처럼 고려라는 민족적 칭호는 제2차 미소공위 기간에 좌우합작을 추진한 중도파 계열의 예비 국호였다. 그러나 한민당 계열은 그 이전부터 고려에 대한 애착을 드러내고 있었다. 1946년 8월 15일 한민당의 지도자인 김성수는 자신이 소유하고 있던 보성전문학교가 종합대학으로 승격할 때 그 이름을 고려대학교로 지었다. 보성전문학교 시절 도서관 사서로 김성수와 인연을 맺은 역사학자 손진태孫晉泰도 1947년 말 고려를 국호로 제안했다. 역사상 처음으로 온전한 민족통일을 이루고 대외적으로 자주적인 나라였다는 이유에서였다.[13]

고려대학교의 교명은 제헌국회 국면에서 한민당 계열의 국호안으로 급부상하게 된다. 1948년 6월 6일에는 조헌영 의원이, 6월 23일에는 고려대학교 초대 총장 현상윤玄相允이 '고려민국'을 주장했다.[14] 조헌영 의원의 주장을 들어보자.

> 국호는 **高麗民國**(고려민국)으로 하는 것이 좋겠다. 그 이유는 첫째, 고려는 전 세계가 통용하는 우리나라의 국호인 것, 둘째, 고려는 우리나라가 완전히 통일된 때에 쓴 국호인 것, 셋째, 고려는 우리나라가 외국의 지배를 받지 않고 자주독립한 때의 국호인 것, 넷째, 고려라는 국호에는 민족적으로 반감, 대립감이 없는 것 등을 들 수 있다.[15]

조헌영 의원은 나아가 기존의 양대 예비 국호였던 (대)한과 조선이 자주독립국가의 국호가 될 수 없는 이유를 논한다.

韓(한)은 三韓(삼한)으로 분립된 때 쓰던 국호인 것, '대한'은 일본이 침략의 방편으로 과도적으로 산출된 자주성이 없는 나라의 때 묻은 국호인 것, 또 '대한'이란 '大'자는 제국주의를 표상하는 스스로 존대하는 것인 것, 해방 후 '대한'이란 국호에 까닭도 모르게나마 반감을 가진 민중이 적지 않은 것, 의식적으로 반대하는 사람도 많은 것 등으로 '한'이나 '대한'은 '고려'만 못한 감이 있다.

또한 '조선'은 단군조선 하나를 빼어놓고는 기자조선, 위만조선, 이씨조선이다. 중국의 지배를 받던 때의 국호요, 더욱 倭政(왜정) 36년간의 나라 없는 이 땅의 칭호가 '조선'인 것을 생각할 때 민족의식이 있는 사람은 조선을 국호로 하자는 사람은 없을 것이다. 해방 후 이 땅을 蘇聯邦(소연방)으로 편입하려는 인민공화국이 또한 국호를 '조선'이라고 한 데는 말할 여지도 없다.[16]

이처럼 헌법기초위원회에서는 국호를 놓고 이승만 계열의 대한과 한민당 계열의 고려가 충돌하고 유진오가 선호했던 조선, 행정위원회의 한국 등이 각축을 벌였다. 6월 7일 헌법기초위원회는 헌법안 심의에 들어가면서 국호 문제를 표결에 붙였다. 표결에 앞서 이청천 李靑天 등 대한독립촉성국민회 계열은 이승만이 개원식사에서 밝힌 대로 대한민국으로 추진할 것을 주장했다. 그런가 하면 한민당 출신 위원들은 고려공화국을 역설했다.[17] 표결 결과는 "대한민국 17표, 고려공화국 7표, 조선공화국과 한국이 각 2표로서 대한민국으로 결의"[18]되었다. 이 결과에 고무된 대한독립촉성국민회는 6월 17일 '대한민국'을 국호로 확정할 것을 촉구하는 성명서를 발표하기도 했다.

이상의 논의에서 알 수 있는 것처럼 남한의 단정 수립을 위한 국호 논의에서 논쟁의 대상이 된 것은 대한, 고려, 조선 등과 같은 민족적 칭호였다. 이는 민족적 칭호를 조선으로 고정시켜 두고 그 뒤에 올 국체의 칭호를 놓고 갑론을박을 벌인 좌익과 대비되는 특징이다. 그것은 아무래도 민족주의자로 이루어진 우익 계열이 민족적 정체성을 나타내는 고유 칭호에 민감할 수밖에 없었기 때문이다. 우익의 각 진영은 민족의 역사적, 문화적 특징을 놓고 치열한 논리 대결을 벌였지만, 이 대결을 마무리한 것은 논리가 아니었다. 세력관계에서 우위를 점하고 있던 이승만의 정치적 판단과 독단적 결정이었다.

3. "대한민국은 민주공화국이다"

헌법기초위원회는 20일 간의 논의가 반영된 헌법 초안을 6월 23일 국회 본회의에 제출하면서 국호 문제로 논란이 있었다는 사실을 환기하고 있다.

> 대한국민〔대한민국의 잘못〕으로 하느냐 고려공화국으로 하느냐 혹은 조선이라고 이름을 정하느냐 혹은 한이라고 하느냐 하는 국호 문제가 많이 논의가 되였든 것을 여러분에게 말씀드립니다.[19]

국회 본회의가 열리자 헌법기초위원 조봉암은 임정의 권위에 가탁해 대한민국 국호를 밀어붙이려는 이승만의 독주를 가로막고 나섰다. 그때 조봉암이 견제 수단으로 내세운 것은 "지금 남조선에서는 대한민국의 법통을 계승할 아무 조건도 없다"[20]는 임정 주석 김구의 발언이었다. 김구는 왜 그런 말을 했을까? 언론에 보도된 김구의 말을 인용하자면 이렇다.

임정에서 이양한다 하여도 남북을 통한 총선거를 통하야 남북 통일정부를 수립하여야만 되며 현재의 반조각 정부로서는 계승할 근거가 없다. 정부를 하나 아니라 열을 만들었다 하여도 법적으로 조직이 아니 된 정부는 법통을 계승할 수 없다.[21]

앞에서 살펴본 것처럼 김구와 이승만은 모스크바삼상회의에 반대하는 반탁운동을 함께하다가 1947년 말 단정 국면에서 결별했다. 단정에 반대하는 김구의 결연한 입장은 1948년 2월 10일 발표한 〈삼천만 동포에게 읍고함〉이라는 성명서에 잘 나타나 있다. "통일된 조국을 건설하려다가 삼팔선을 베고 쓰러질지언정"[22] 단정에는 협조하지 않겠다는 것이었다. 이 같은 김구의 입장에서 볼 때 임정의 국호 대한민국은 통일 조국의 국호라면 몰라도 분단정부의 국호가 될 수는 없었다.

이승만은 일찍이 임정의 임시대통령 자리에서 탄핵당한 사람이었다. 끝까지 임정을 지킨 김구에 비하면 대한민국 국호에 대한 권리를 주장할 자격이 부족했다. 그런 이승만이 김구의 반대에도 불구하고 대한민국을 국호로 강력하게 주장한 까닭은 무엇일까? 임정이 대중 사이에서 갖고 있던 권위를 생각할 때 정치적 야심이 강한 이승만에게 임정의 국호였던 대한민국은 놓칠 수 없는 것이었다. 제헌의회 개원식사에서 정체도 모호한 '대한민국 독립민주국'을 거론했던 것도 그런 이유에서였다.

이승만은 그 이전에도 '대한'이나 '임정'을 정확한 역사적 맥락에서 떼어내어 자신의 발언에 끼워 넣곤 했다. 그가 이처럼 애매모호한 어법을 사용한 데는 임정의 정통성을 자기 것으로 전취하려는 의도가 깔려 있었다. "(이승만이) 주장한 대한민국의 시원이 되는 임시정부는 일반적으로 받아들여지는 대한임정이나 (…) 한성정부나 (…) 가상의 혼합정부가 아니었다. 오히려 이승만은 실체가 불분명한 한성정부를 대한임정과 병기하거나 끼워 넣는 등의 모호화 전략을 통해서 대한임정과의 연속성을 전략적으로 활용하였다."[23]

조봉암은 앞서 조헌영 의원이 고려민국을 주장하면서 비판한 대한이라는 칭호의 성격도 다시 한 번 문제 삼았다. '대한'의 '대大'가 대영제국, 대일본제국처럼 비민주적이며 자기를 높이고 남을 낮추는 봉건의식의 발로라고 비판한 것이다.

'대한민국은 민주공화국이다.' 했는데 소위 민주공화국에 대한이란 대는 아랑곳이 없는 것입니다. 한이란 말이 곡 필요하다면 '한국'도 좋고 우리말로 '한나라'라고 해도 좋을 것을 큰대 자를 넣은 것은 봉건적

자존비타심의 발성이요. 본질적으로는 사대주의 사상의 표현인 것뿐
입니다.[24]

이에 대한 반론도 있다. 대한을 옹호하는 사람들에 의해 종종 호
출되는 최남선崔南善의 글이 대표적이다.

대한大韓이라는 말은 한韓은 한韓이지만 옛날처럼 작은 한이 아니라
큰 한이라는 뜻입니다. 이렇게 대한이라는 것은 두 글자가 합하여서
나라 이름이 된 것으로 결코 대명大明이나 대영大英처럼 높이는 의미에
서 '대大'자를 붙인 것이 아닙니다.[25]

한편 조봉암은 "국호와 같은 중대한 것은 (…) 어느 개인이 임의
로 지어내서 마음대로 쓸 수 있는 성질의 것이 아니"[26]라면서 자유롭
고 충분한 논의를 촉구했다. 그 말처럼 국호는 국가의 성격과 직결되
므로 다양한 논의는 당연하고 결론에 이르기까지 신중을 기해 마땅
하다. 그러나 대한민국 국호의 결정은 그렇게 이루어지지 않았다. 이
승만은 7월 1일 국회 본회의에서 조봉암의 제동에도 불구하고 다음
과 같은 '궤변'[27]으로 자유로운 논의를 봉쇄했다.

(…) 국호 개정이 잘 되었다고 독립이 잘 되고, 국명이 나쁘다고 독립
이 잘 안 될 것은 아니고 그런 것은 문제가 안 됩니다. 그래서 이 국호
개정이 제일 시간이 많이 걸리기 때문에 나는 1분 동안이라도 빨리 우

리 헌법 통과시켜야 될 것이니까 그것 잘 아시도록 내가 부탁하는 겝니다. 그러니까 국호는 차차 국정이 정돈되어가지고 거기에 민간의 의사를 들어가지고 대다수의 결정에 의하여 그때 법으로 작정하는 것이 좋으리라고 생각합니다. 그러니까 국호문제에 있어서는 다시 문제 이르키시지를 말기를 또 부탁하는 것입니다.[28]

그러자 "어처구니없을만치 국호는 물론 제16조까지 초안대로 일사천리로 통과"[29]되었다. 결국 대한민국 국호의 제정 과정은 한반도 전체를 아우르는 큰 나라라는 대한민국의 의미를 충분히 살리지 못한 채 졸속으로 마무리되고 말았다. 이승만이 약속한 국호의 재론도 이루어지지 않았다. 그와 동시에 조선은 북한이 쓴다는 이유만으로 남한에서 쓸 수 없는 이름이 되었다.

북한에서 쓰인다는 이유만으로 남한에서 봉쇄된 말은 또 있다. '인민'이다. 앞서 〈권승렬안〉을 작성한 권승렬이 기본권의 주체를 인민 아닌 국민으로 내세운 이유에 대해서는 살펴본 바 있다. 인민은 국가 이전의 존재이고 헌법이란 국가와 국민의 약속이라는 것이었다. 그렇다면 유진오는 왜 헌법 초안에서 국민 대신 인민이라는 용어를 사용했을까?

국민이라고 하면 반드시 우리나라의 국적을 가진 사람만에 국한하게 됩니다. (…) 우리의 헌법이 외국 사람에게 주는 인권을 대단히 민주주의적으로 존중하는 헌법이라고 하는 이러한 인상을 주는 점에 있어서

실제적인 편으로 보아서 '인민'이라고 하는 것이 타당하리라고 생각이 됩니다.[30]

유진오의 인민과 권승렬의 국민은 나름대로 논리적 근거가 분명해 보인다. 그러나 대한민국 헌법이 확정되는 과정에서 인민과 국민의 대립이 해결되는 과정은 전혀 논리적으로 이루어지지 않았다. 일부 의원이 '북조선 인민위원회 운운'만 해도 지긋지긋하게 들린다면서 이데올로기 공세를 폈기 때문이다. 남북 분단이 가시화되어 가는 상황에서 이 같은 이데올로기 공세는 곧 대세를 이루었다. 결국 인민은 단지 북한에서 쓰는 용어라는 이유만으로 대한민국 헌법에서 사라졌다.[31] 이에 대한 유진오의 반박은 당시 남한 사회가 얼마나 정신적으로 피폐하고 위축되어 있었는지를 잘 알려준다.

인민人民이라는 말은 구대한제국 절대군권하에서도 사용하던 말이고 미국헌법에 있어서도 인민people, person은 국가의 구성원으로서의 시민citizen과는 구별되고 있다. (…) '국민'은 (…) 국가라 할지라도 함부로 침범할 수 없는 자유와 권리의 주체로서의 사람을 표현하기에는 반드시 적절하지 못하다. 결국 우리는 좋은 단어 하나를 공산주의자에게 빼앗긴 셈이다.*

---

* 兪鎭午,《憲法起草回顧録》(서울: 一潮閣, 1980), p. 65. '인민'이 배제된 남한 사회에서 '국민' 개념이 확장되고 분화해 가는 과정과 한계에 대해서는 박명규,《국민·인민·시민 – 개념사로 본 한국의 정치주체》(서울: 소화, 2009), pp. 104-121 참조.

2장 조선민주주의인민공화국으로 가는 길

1947년 말 남한에서 유엔 감시하의 총선과 단독정부 수립이 진행됨에 따라 북한에서도 헌법 제정이 이루어지고 국호가 확정되어 갔다. 이 시기 조선민주주의인민공화국 국호에는 이전과 다른 역사적 함의가 추가되었다. 냉전으로 불리는 세계사적 대변동이 한반도에도 영향을 미친 결과였다.

해방 후 소련의 한반도 정책은 소련에 우호적인 부르주아민주정부를 수립하는 데 초점이 맞춰져 있었다. 박헌영의 인민공화국이든 조만식의 민주공화국이든 소련에게는 선택 가능한 옵션이었다. 그러는 가운데 인민민주주의라는 새로운 국가 형태의 개념이 1945년부터 동유럽에서 나타났다.[32] 소련의 방침에 따라 광범위한 계급 블록과 연립정부를 구성하려다 보니 기존 마르크스주의 이론으로는 설명할 수 없는 국가 형태가 생겨난 것이다. 인민민주주의는 이 현상을 설명하기 위해 동유럽 사회주의자들 사이에 도입된 개념이었다. 인민민주주의를 사회주의로 가는 과도기의 한 형태로 보아야 할지, 아니면 자본주의도 사회주의도 아닌 제3의 국가 형태로 보아야 할지 논의가 분분했다.

소련이 동유럽의 인민민주주의 논의에 관심을 갖고 이론적인 정식화에 나선 것은 1947년의 일이었다.[33] 그해 3월 12일의 트루먼 독트린으로 냉전이 시작되고 대미 협조에 기반을 둔 전후 세계 전략의 기조가 깨져가던 시기였다. 동유럽과 한반도에서 소련에 우호적인 부르주아민주주의국가를 세운다는 기존 방침은 안일한 것이 되어버렸다. 소련은 인민민주주의를 인민독재에 기초한 사회주의의 전 단계로 규정하고 이를 북한에도 적용하려 했다. 이것이 북한 국호에 부가된 새로운 역사적 함의이다.

북한의 헌법 제정 과정에서는 조선민주주의인민공화국이 국호로는 너무 길고 전례가 없다는 논란이 이어졌다. 이 같은 논란에도 민주주의가 국호의 일부로 살아남게 된 결정적 요인은 북한이 '반동적인 미국식 민주주의'에 맞서는 '진보적 민주주의'의 기지라는 자부심이었다. 분단으로 치닫던 상황이 북한의 국호를 지금과 같이 확정하는 데 일조한 셈이다. 그런 점에서 조선민주주의인민공화국 국호는 해방 후 통일독립국가로 나아가던 발걸음이 멈춘 지점을 북한의 시선에서 알려주는 블랙박스다.

1. 북한이 헌법 제정에 나서다

조선민주주의인민공화국 국호의 제정 과정을 단순화해서 들려주는 두 가지 설명이 있다. 하나는 앞에서도 살펴본 북한의 공식 사관에 입각한 설명이다. 그에 따르면 이 국호는 처음부터 김일성에 의해 창안되어 온갖 종파적 도전을 물리치고 최종 선택되었다. 김일성은 해방 직후인 1945년 8월 20일에 이미 해방 조국의 정체와 국체를 민주주의인민공화국으로 선언했다. 이후 그는 조선공산당 계열의 조선인민공화국, 조선신민당 계열의 조선민주공화국 등을 제압하고 조선민주주의인민공화국을 국호로 관철시켰다.

다른 하나의 설명은 북한 정권을 소련의 괴뢰 정권으로 보는 관점에서 조선민주주의인민공화국 국호도 소련이 정해준 것이라고 풀이한다. 그에 따르면 소련은 북한 지역의 정부 수립 과정을 시종일관 지휘하면서 헌법 제정과 국호 제정에도 직접 개입했다. 조선민주주의인민공화국이라는 국호를 제안한 것도 소련인이고 이를 최종 결정한 것도 소련 당국이었다.[34]

서로 반대되는 두 가지 설명은 북한을 보는 서로 반대되는 시선을 반영한다. 전자는 북한을 김일성 수령의 영도에 따라 자주 노선을 걸어온 나라로 보고, 후자는 소련이 세계전략의 필요에 따라 만들어낸 분단국가로 본다. 두 설명은 각각 일리가 있다. 그러나 단지 일리가 있을 뿐이다. 자칫 일면적이고 일방적인 설명에 그쳐 다수의 노력과 시행착오를 거치며 진행되었을 복합적 과정에 대한 이해를 가로막을 우려가 있다.

국가 수립의 중요한 일부를 이루는 국호 제정에는 다수의 정치 세력이 저마다 아이디어를 내놓고 논쟁과 타협을 거듭하는 지난한 과정이 깃들어 있다. 김일성 세력도, 소련군도 그 과정의 일부였고 시행착오로부터 자유롭지 못했다. 이 책은 지금까지 조선민주주의

인민공화국 국호의 기원과 이를 둘러싼 논의 과정을 대한민국 등 다른 예비 국호들과 비교하면서 입체적으로 분석해왔다. 이를 통해 일면적으로 단순화하는 설명 방식을 극복하고 북한이라는 국가 자체의 기원과 성격을 살피는 데도 일조하고자 했다. 이제 본격적으로 조선민주주의인민공화국이 북한 지역 분단국가의 국호로 제정되는 과정을 살펴보고 그 특징을 정리해보자.

1947년 8월 6일 남조선과도입법의원이 〈조선임시약헌〉을 통과시킨 것은 북한의 정치 세력을 자극했다. 그들은 제2차 미소공위가 진행되고 있는 마당에 남한 단독으로 헌법적 문헌을 만든 데는 분단을 획책하는 의도가 숨어 있다고 비난했다. 또한 〈조선임시약헌〉은 인민적 민주주의의 원칙에 어긋나는 독소 조항으로 가득하다는 비판도 이어졌다. 북한에서도 이에 대응하는 헌법 제정에 나서야 한다는 목소리가 나오는 것은 당연한 노릇이었다.

그러던 10월 21일 제2차 미소공위가 최종 결렬되었다. 11월 14일에는 유엔총회가 임시한국위원단 설치안을 통과시키고 유엔 감시하에 남북한 총선거를 실시하기로 결의했다. 이에 대해 북로당은 11월 16일 중앙위원회 제10차 전원회의를 열고 4개 항의 대응책을 결정했다. 대응책의 첫머리에 '임시통일헌법'의 제정이 있었다. 유엔 결의 반대, 미소 양군 철수 후 남북 총선거 실시, 남북 통일세력의 조직화가 그 뒤를 이었다.

북로당 중앙위원회에 이어 11월 18일 북조선인민회의 제3차 회의가 열렸다. 여기서 김두봉 의장은 〈조선임시헌법 제정준비에 관한

보고〉를 했다. 그 보고에 따라 이튿날 북조선인민회의는 임시헌법제
정위원회를 구성하고 이 기구에 임시헌법 제정을 위임했다. 임시헌
법제정위원회는 김일성, 최용건, 소설가 이기영李箕永, 훗날 북한의
부주석을 지내는 강양욱 등 31명으로 구성되었다.[35]

　임시헌법제정위원회는 다음 날인 11월 20일 북조선인민회의 상
임위원회 법전부장인 소련계 한인 김택영, 역사학자 이청원, 북조선
최고재판소 판사 김윤동 세 사람을 초안 작성위원에 임명했다. 김택
영은 남한의 유진오에 비견되는 북한 헌법의 산파역이었다. 소련과
긴밀한 관계를 맺고 있던 그에 의해 북한 헌법의 골격이 짜였다. 세
사람이 작성한 임시헌법 초안은 그해 12월 21일 제2차 임시헌법제
정위원회에서 만장일치로 심의를 통과했다. 바로 그 초안의 제1조
는 "우리나라는 조선민주주의 인민공화국이다."라고 명기되었다.

　북한의 국호 제정과 관련해 러시아 출신의 북한학자 안드레이 란
코프는 흥미로운 인터뷰 내용을 소개하고 있다.

> "북한인들이 제안했던 조선인민공화국… 이라는 이름을 거부한 소련
> 장군 레베제프가 조선민주주의인민공화국이라는 국가명칭을 제안하
> 였다"[36]

　여기서 '레베제프'는 해방 직후 북한에 진주한 소련군 제25군 정
치위원을 지낸 니콜라이 레베데프НиколайГеоргиевич Лебедев 소장을 가
리킨다. 1947년 5월 소련 제25군 사령부 산하에 주북조선소련민정

국УСГАСК이 설치되었는데, 그곳의 책임자로 임명된 사람이 바로 레베데프였다.

레베데프가 국호를 제안했다는 시점이 북한에서 임시헌법 제정에 착수한 1947년 말인지 그 이전인지는 불확실하다. 기자 출신으로 구소련 기밀문서를 폭넓게 살펴본 김국후는 자신의 책에서 '소련군정'이 1947년 말부터 북한 국호를 '조선민주주의인민공화국'이라고 정했다고 주장했다.[37] 그 시기의 '소련군정'은 레베데프가 책임자로 있던 주북조선소련민정국을 가리킨다.

주의할 것은 소련공산당이 초기부터 조선민주주의인민공화국을 'Корейская Народно-Демократическая Республика'라고 표기했다는 사실이다.[38] 러시아어로 наро́д는 '인민'을 뜻하고 демократия는 '민주주의'를 뜻한다. республика는 영어의 republic에 해당하는 말이니 '공화국'이라는 뜻이다. 따라서 이 러시아어 표기는 엄밀하게 말해서 '조선인민민주주의공화국'을 뜻한다. 조선민주주의인민공화국을 축자적으로 표기하려면 'Корейская Демократическая Народная Республика'라고 하는 것이 맞다.*

• 1948년 당시 소련은 '대한민국'을 'Корейская Народная Республика'로 표기하고 있는데 이는 '조선인민공화국'의 러시아어 표기와 똑같다. 안드레이 란코프 엮음,《소련공산당과 북한 문제 소련공산당 정치국 결정서(1945-1952)》(대구: 경북대학교출판부, 2014), p. 276. 이로 볼 때 당시 한국인에게 예민하게 다가왔을 '대한민국'과 '조선인민공화국'의 차이나 '민주주의인민공화국'과 '인민공화국'의 차이가 소련인에게는 그렇게 크게 느껴지지 않았을 수도 있다. 그 후 대한민국의 러시아어 표기는 'Республика Корея'로 바뀌었지만 북한의 국호는 줄곧 'Корейская Народно-Демократическая Республика'로 표기해왔다.

앞서 살펴본 역사적 맥락에 따르면 1948년 시점에서 북한 국호의 러시아어 표기는 인민민주주의를 강조하는 데 초점이 맞추어져 있었을 것이다. 이미 살펴본 대로 동유럽에서 회자되던 인민민주주의를 소련이 새로운 과도기적 국가 형태로 규정하고 이를 북한에도 적용하려 하고 있었기 때문이다. 실제로 그 무렵 소련의 인민민주주의 이론은 '신민주주의' 등의 이름으로 북한에 널리 소개되고 있었다.[39]

그러나 조선민주주의인민공화국이라는 한글 표기에서 인민민주주의가 강조되는 느낌은 없다. 기존의 인민공화국에 '민주주의'를 첨부한 느낌이 더 강하다. 남북한에서 그 말이 처음 쓰일 때 그랬을 것처럼 '민주주의적인 인민공화국'이라는 뉘앙스로 받아들여진다. 북한 국호의 영어 표기인 'The Democratic People's Republic of Korea'에는 그러한 뉘앙스가 잘 반영되어 있다.

물론 첨부된 '민주주의'가 인민민주주의를 뜻한다고 해석할 수도 있다. 그러나 2차적으로 해석되는 것과 러시아어 표기처럼 이름 자체에 명시되는 것은 다른 문제이다. 북한과 소련이 각자의 입장과 편의에 따라 표기하고 그 두 가지 표기가 같은 대상을 가리킨다고 암묵적 합의를 한 셈이다.

2. 아홉 자 타령 – 민주주의 첨삭 논쟁

제2차 미소공위 국면에서 남로당과 북로당이 예비 국호를 놓고 인민공화국이냐 민주주의인민공화국이냐 하는 신경전을 벌였다는 것은 이미 살펴보았다. 그러나 남북에서 단독 정부를 향한 움직임이 빨라지자 남로당도 북한에서 조선민주주의인민공화국 헌법을 제정하는 것에 지지를 표명했다. 그렇다고 해서 국체의 칭호를 전통의 인민공화국에서 길고 전례가 없는 민주주의인민공화국으로 바꾸는 데 따른 저항이 완전히 사라진 것은 아니었다. 민주주의인민공화국이 아홉 글자라는 데서 기인해 '아홉 자 타령'이라고도 불리는 민주주의 첨삭 논쟁은 헌법 제정 과정에서도 재연된다.

1948년 초 북조선인민회의는 임시헌법제정위원회가 제출한 헌법 초안을 토의할 예정이었다. 이에 대해 소련공산당 중앙위원회 정치국은 2월 3일 "조선 인민들의 의사를 가능한 한 전면적으로 드러내도록 전 인민적 토의를 위해 초안을 공포"[40]하라는 결정을 내렸다. 헌법 초안을 인민회의 내에서만 토의해 확정하지 말고 남북한 전체 인민의 토의에 부치라는 것이었다. 그런 다음 3월에 인민회의를 열어 전 인민적 토의의 내용을 종합하고 임시헌법 초안을 승인하라고 했다.

북조선인민회의는 이를 받아들여 2월 6일 제4차 회의를 열고 임시헌법 초안을 전 인민적 토의에 부치기로 결정했다. 나흘 후인 2월 10일 임시헌법 초안이 공포되고 100만 부 이상의 소책자, 신문 등을 통해 남한 지역을 포함한 전국에 배포되었다. 북한에서는 생산기업소, 각 기관, 학교, 인민반, 정치·문화·종교 단체 등에서 그 내용에 대한 검토와 토의가 진행되었다.[41]

앞서 언급한 것처럼 남로당도 이 시기에는 조선민주주의인민공화국 임시헌법의 제정에 지지를 보냈다. 1948년 2월 남로당 주도하에 남한 전역에서 일어난 단독선거 반대 운동에서는 "조선민주주의인민공화국 수립 만세"라는 구호가 등장했다.[*] 남로당은 그해 삼일절 구호로 "조선인민의 손으로 조선민주주의인민공화국을 수립하자"고 외치는가 하면 〈조선민주주의인민공화국 임시헌법 초안 지지 결정서〉를 발표하기도 했다.[42] 4월 25일에는 북조선인민회의에 서한을 보내 "당신들의 회의에서 반드시 조선민주주의인민공화국 임시헌법을 통과하여 주시기를 요망"[43]한다고 밝혔다. 단정과 헌법제정 국면을 맞아 남북조선로동당 간의 공개적인 국호 논쟁은 사실상 막을 내렸다.

이 같은 흐름 속에 4월 28일 북조선인민회의 특별회의가 열렸다. 전 인민적 토의에서 다룬 임시헌법 초안의 쟁점 사항들을 정리하고 초안을 확정하기 위해서였다. 애초에 소련공산당이 전 인민적 토의를 결정하면서 제시했던 3월보다 한 달이 늦어진 셈이다.[44] 전 인민적 토의는 열띤 분위기 속에 진행되어 5만 8000여 통의 지지 서한과 2236통의 수정안·보완안이 답지했다.[45]

전 인민적 토의 과정에서 문제의 민주주의 첨삭 논쟁도 벌어졌다. 임시헌법의 내용에 대한 수정안 중에는 국호를 민주주의인민공

---

[*] '2.7 구국투쟁'으로 명명된 이 운동에서는 "조선의 분할침략계획을 실시하는 유엔한국위원단을 반대"하고 "양국군 동시 철퇴로 조선 통일민주정부 수립을 우리 조선 인민에게 맡기라"는 등의 정치적 요구가 제기되었다. 《노력인민》, 1948년 2월 20일; 김남식, 《남로당연구 I》(서울: 돌베개, 1984), p. 307.

화국 대신 인민공화국이라 칭하자는 의견도 있었던 것이다. 김두봉
북조선인민회의 의장은 이렇게 대답했다.

물론 우리 국가를 인민공화국이라고도 칭할 수 있으니 인민공화국과
민주주의인민공화국 간에는 현저한 차이는 없기 때문입니다. 그러나 인민
들의 절대다수가 이미 우리들에게 보편화된 민주주의인민공화국이
라는 칭호로 그대로 보존하자고 제의합니다. 이러한 절대 다수의 인민
의 의사를 무시할 수 없는 것입니다. 그러므로 본 헌법제정위원회는 초
안에 규정된 원안대로 두는 것이 타당하다고 인정합니다.[46]

김두봉은 회의 말미에 헌법초안을 축조낭독하며 조문별로 확정
해나갈 때에도 이 같은 뜻을 재확인했다.

'조선민주주의인민공화국'이라는 국호는 이미 우리인민의 절대다수
에게 보편화되었을 뿐만 아니라 우리인민들의 기본적인 투쟁구호로
되어있기 때문에 원안대로 '조선민주주의인민공화국'으로 한 것입
니다.[47]

'북한 헌법의 아버지' 김택영도 헌법을 설명하면서 김두봉의 말
을 뒷받침하고 있다. 그는 불가리아, 루마니아 등 인민공화국을 국호
로 채택한 나라들도 "그 경제 체계로나 주권 형식에 있어서 〔북한과〕
동同종류의 인민적 민주주의 국가 형태"라고 했다. 따라서 북한도 인

민공화국이라 칭할 수 있으나 "절대 다수의 인민의 의사를 무시할 수 없었기 때문"에 아홉 자를 그대로 썼다는 것이다.[48]

김두봉과 김택영에 따르면 북한의 국호가 조선민주주의인민공화국으로 정해진 것은 철저히 인민의 뜻이었다. 소련이 개입할 여지도 없었고, 북한 지도부 내에 인민공화국과 민주주의인민공화국의 내용적 차이를 둘러싼 이견이나 대립도 있을 수 없었다. 그러나 앞서 살펴본 것처럼 북한의 공식 역사 서술은 다르다. 인민공화국과 민주주의인민공화국 사이에는 '현저한' 인식의 차이와 대립이 있었다고 한다. 또 '절대다수의 인민'이라는 것이 남한의 인민을 포함할진대 남로당과 민전은 바로 그 인민의 뜻을 내세워 조선인민공화국을 주장했었다. '아홉 자 타령'은 공식 보고에 나타난 것처럼 간단한 것이 아니었다.

특별회의 중에도 국호에 민주주의를 삽입하는 것에 특별한 의미를 부여하는 발언이 있었다. 강원도 대의원 최봉수는 "'제1조 우리나라는 조선인민공화국이다'라고 하였던 것을 '조선민주주의 인민공화국이다'라고 수정 채택한 데 더한층 힘이 있고 의의가 크다"[49]고 했다. 이 말은 지금까지 살펴본 맥락과 다르다. 헌법 초안은 이미 제1조에서 국호를 조선민주주의인민공화국으로 명시하고 있었다. 특별회의에서 쟁점이 된 것도 그 원안을 수정할 것인가 하는 문제였다. 따라서 최봉수의 발언은 제1조의 국호 표기를 조선인민공화국으로 수정하지 않은 사실을 착각한 데서 비롯되었거나 잘못 기록된 것으로 보인다.

만약 최봉수의 말대로 헌법 초안에 조선인민공화국이 국호로 표기된 적이 있었다면 초안이 아직 작성 중이던 1947년 11월이었을 것이다. 사실관계가 어떻든 분명한 것은 헌법 논의에서 민주주의 첨삭 여부가 꽤 중요한 쟁점이었다는 사실이다. 최봉수는 국호에 '민주주의'를 첨부한 것이 어떤 의의가 있다고 본 것일까?

(…) 미제국주의 팽창 정책에 의한 침략적 진주를 기화로 남조선 반동 분자의 괴수 이승만 김성수 등도 인민을 위하느니 민족을 구하느니 하고 인민이라는 문자를 팔면서 기만과 최후의 발악으로 (…) 자칭 국부니 대통령 노릇을 해왔지만 민주주의를 거기에 첨부함으로 놈들은 더욱 낭패할 것이며 그들을 제외한 전체 인민은 미국식米國式 민주주의를 뭇지르는 새 인민적 질서에로 돌진하는 민족적 투쟁구호가 되기 때문입니다.[50]

이 발언은 북한이 꽤 오랜 전통을 가진 조선인민공화국에 왜 굳이 민주주의를 삽입하고 이를 고수했을까 하는 의문에 중요한 단서를 제공한다. 북한의 정부 수립을 주도한 정치 세력에게는 민주주의야말로 '기만적인 미국식 민주주의'와 대비되는 북한의 '진보적 민주주의'를 강조하는 말이었기 때문이다. 이처럼 분단 상황에서 미국식 민주주의와 차별화된 북한식 민주주의를 강조하는 사례는 그 후에도 자주 찾아볼 수 있다.

특별회의는 '임시' 딱지를 떼어버린 헌법 초안을 만장일치로 통과시켰지만 아홉 자 타령은 여전히 수그러들지 않았다. 허정숙의 회고에 따르면 1948년 7월 초순 어느 날 김일성이 허정숙 등을 불러 이런 말을 했다.

당 창건 때 당의 정치로선에서 민주주의인민공화국을 창립한다는 것을 제시(했는데) … (종파분자들이) 인민공화국으로 하든가 아니면 인민이라는 말을 빼고 민주주의공화국으로 해도 되지 않는가라는 말도 계속 돌리고 있다고 합니다.[51]

여기서 '당 창건'은 1945년 10월 10~13일 분국 창설을 가리키는 것으로 보인다. 또 민주주의인민공화국 창립을 제시했다는 것은 그 달 13일 밤에 했다는 연설(《새 조선 건설과 민족 통일 전선에 대하여》)을 가리킬 것이다.

바로 그 무렵인 7월 9일 열린 북조선인민회의 제5차 회의에서 김일성은 〈조선민주주의인민공화국 헌법 실시에 관하여〉라는 보고를 했다.[52] 여기서 그는 "소위 남조선 괴뢰 '국회'가 욕망하는 지주 대자본가 반동분자들을 위한 '민주주의'로 퇴보하지 말아야"[53] 한다면서 민주주의를 각별히 강조하고 있다. 이것은 최봉수의 특별회의 발언을 잇는 민주주의 릴레이이자 수그러들지 않는 아홉 자 타령에 대한 대답이라고 할 수 있다.

다음 날 "전 조선이 통일되기까지 북조선인민회의 특별회의에서 찬동한 조선민주주의인민공화국헌법을 북조선 지역에서 실시한다."[54]라는 결정서가 통과되어 헌법 실시가 만장일치로 가결되었다. 이 결정서가 중요한 점은 한반도 전역에 적용되는 헌법을 만들자고 했던 제3차 회의 때와 달리 헌법을 북한 지역에서만 실시하기로 했다는 데 있다. 그리하여 제5차 회의는 통일이 되면 그때 헌법을 다시 만들기로 하고 막을 내렸다. 일시적이지만 분단된 상태를 전제한 정부 수립이 가시화된 것이다.[55]

그해 8월초 '당 중앙위원회에서 진행된 한 회의'에서도 "국호에서 인민 자를 빼자느니 '민주주의' 자를 빼자느니 하는 주장"이 집요하게 제기되었다고 한다. '지난날 공산주의 운동을 했다는 자'는 국호에 "'인민'을 넣으면 공산당 정권인 것 같은 인상을 주고 통일전선에 지장을 주니 빼자"고 말했다. 그러자 또 다른 간부는 "우리의 목표는 공산주의인데 과도적인 표현인 '민주주의'를 넣어 혼란을 줄 필요가 없다"고 주장했다. 이러한 주장들은 "회의 참가자들의 단호한 반격에 의하여 여지없이 분쇄"[56]되었다고 한다.

여기서 말하는 '당 중앙위원회'는 무엇을 말할까? 남북조선로동당 지도부는 1948년 8월 2일 회의에서 양당의 연합중앙지도기관을 조직하고 그것을 '조선로동당 중앙위원회'라 칭하기로 했다.[57] 바로 이 중앙위원회를 가리키는 것으로 보인다. 북한 정권이 그해 9월 9일 공식 수립된 것을 감안하면 정부 수립 직전까지도 국호의 민주주의 첨삭 논쟁이 집요하게 계속되었던 셈이다. 이런 과정을 거쳐 조선민주주의인민공화국은 남북조선로동당의 국호안으로 최종 확정되었다.

3. "우리나라는 조선민주주의인민공화국이다"

북조선인민회의 특별회의는 남한의 단독정부를 저지하기 위한 남북협상이 진행되는 기간에 열려 최고인민회의 구성을 위한 전국 총선거를 결의했다. 그러나 이 시기부터 조선민주주의인민공화국 헌법과 국호는 북한 지역에 효력 범위를 제한하는 쪽으로 논의의 방향이 수정되었다. 분단의 그림자가 헌법과 국호에 드리우기 시작한 것이다.

1948년 8월 25일 북한에서는 남한의 5·10총선에 맞서 전국적인 범위에서 최고인민회의 대의원 선거를 실시했다. 박헌영은 황해도 해주에서 남한 지역의 선거를 총지휘했다. 물론 이미 대한민국 정부가 수립된 남한에서 최고인민회의 선거가 공개적으로 실시될 리는 없었다. 남파된 공작원과 남로당 조직원이 비밀리에 주민들과 접촉하는 제한적 방식이 동원되었다. 그럼에도 불구하고 전체 대의원 572명 가운데 남한 지역에서 선출된 대의원은 60퍼센트가 훌쩍 넘는 360명에 이르렀다. 이 같은 대의원 비율은 조선민주주의인민공화국이 한반도 전체를 대표하는 국가라는 상징성을 확보하기 위해 책정되었다. 또한 남로당은 자신들의 정치적 입지를 위해 남한 지역의 선거에 사활을 걸었다.

'전국적' 선거를 통해 구성된 최고인민회의는 9월 2일 제1차 회의를 열고 헌법위원회(위원장 김두봉)를 구성했다. 헌법위원회는 여러 차례 회의를 거친 끝에 9월 8일 약간의 수정을 가한 조선민주주의

인민공화국 헌법을 채택했다. 민주주의인민공화국은 "쏘련을 제외한 어떤 다른 국체보다도 민주주의적이며 우리 인민의 의사에 부합되는 것"[58]으로 선언되었다. 이튿날 정부 수립을 선포하면서 조선민주주의인민공화국은 북한의 국호로 확정되었다.

이미 살펴본 것처럼 최종 확정된 조선민주주의인민공화국은 사실상 한반도의 북반부에만 적용되는 국호였다. 임시헌법 초안을 마련할 때만 해도 그것은 한반도 전체의 국호로 예정되어 있었다. 헌법이 토의를 거쳐 확정되기까지 길지 않은 시간 동안 무슨 일이 있었던 것일까?

1948년 2월 북조선인민회의 제4차 회의의 결정에 따라 헌법 초안에 대한 전 인민적 토의가 진행되는 동안에도 정국은 숨 가쁘게 돌아갔다. 3월 27일 북로당은 제2차 당 대회를 열고 이승만에 반대하는 '자주통일' 노선을 제창했다. 이 대회에서 가장 눈에 띄는 것은 '민주기지'라는 표현이다.[59] 북로당 부위원장을 맡고 있던 김일성은 사업 결산 보고에서 민주개혁의 실시가 "북조선을 조국의 민주주의적으로 발전할 튼튼한 기지로 전변시키었으며, 미제국주의자들의 식민지예속화정책으로부터 우리조국을 구원하는 강력한 민주세력의 기지로 전변"[60]시켰다고 자부했다. 이 발언은 조선공산당북조선분국을 설치해 북한 지역의 민주개혁을 주도한 자신의 판단이 옳았다는 뜻을 담고 있었다.[61]

김일성은 이미 1946년 9월에 북한 지역의 민주개혁에 대한 자부심과 남한에 대한 우월의식을 드러내고 있었다.

어떤 사람들은 남조선이 북조선보다 그저 뒤떨어졌다고 생각한다. 이것은 남조선도 민주주의의 길로 나아가는데 북조선보다 좀 더디게 나아갈 뿐이라고 하는 전혀 그릇된 생각이다. 실지에 있어서는 북조선이 민주주의적 발전의 길로 나아가는 반면에 남조선은 전혀 딴 길로 나아가고 있다.[62]

또한 그는 1948년 새해를 맞아 전 인민을 대상으로 호소문을 발표하면서 "오늘 우리 북조선 민주 건설은 남조선 인민들의 심신을 위안하고 남조선 동포들의 유일한 희망과 커다란 기지로 되는 것"[63]이라고 자부하기도 했다.

이 같은 우월감을 깔고 있는 김일성의 민주기지론은 국제 정세를 '민주세력과 반동세력의 투쟁'으로 바라보는 관점에서 비롯되었다. 반동세력의 선두에 선 미국이 남한을 식민지로 예속화하고 있으니 먼저 북한을 민주기지로 다진 다음 남한을 해방시키겠다는 것이다. 이는 1947년 9월 22일 코민포름 창설회의에서 안드레이 즈다노프 Андрей Александрович Жданов 소련공산당 중앙위원회 서기가 제기한 진영론과 연관되어 있었다. 그 회의에서 즈다노프는 이렇게 말했다.

전쟁이 과거 속으로 멀어져갈수록 전후 국제 정치의 양대 추세는 더욱 분명해지고 있다. 이 추세는 국제무대에서 활동하는 정치 세력들이 양대 진영으로 분열하는 것과 조응한다. 한편에는 제국주의적이고 반민주적인 진영, 반대편에는 반제국주의적이고 민주적인 진영이 있다.[64]

여기서 말하는 '반민주적인 진영'의 중심은 미국이고 '민주적인 진영'의 중심은 소련이다. 민주기지론은 이 같은 진영론의 연장선상에서 북한이라는 민주기지의 공고화를 우선시했다. 그런 맥락에서 1948년 4월 24일 소련공산당 중앙위원회 정치국이 채택한 결정문 〈조선의 헌법 문제에 대하여〉는 흥미롭다. 이 결정문은 남한에서 단독선거가 실시되고 정부가 수립되면 김일성에게 북조선인민회의를 소집해 다음과 같은 결정을 내리도록 권고한다는 내용을 담고 있다.

1) 북조선인민회의 4월 회의에서 승인된 조선민주주의인민공화국 헌법 초안을 조선 통일 전까지 북조선 영토에서 실시한다.

2) 헌법에 기초해서 최고인민회의 대의원 선거를 실시한다.

3) 선거된 최고인민회의는 조선 정부를 조직하지 않으면 안 될 것이고, 이 정부에는 조선의 통일을 지지하는 남조선 대표들도 참가할 수 있을 것이다.[65]

이 결정은 남한이 먼저 단독정부를 수립한다는 전제 아래 북한에 단독정부를 구성할 것을 권고하고 있다. 실제로 북조선인민회의는 4월 특별회의에서 최고인민회의 선거를 결정하고, 7월 제5차 회의에서 헌법의 북한 지역 실시를 결정했다. 제5차 회의 직전에는 통일 독립국가의 상징으로 남쪽과 공유하던 태극기를 인공기로 교체했다. 이로써 조선민주주의인민공화국은 공식적으로 북한 영역만을 통치하는 분단국가의 길로 들어섰다.

분단국가 조선민주주의인민공화국은 진영론과 민주기지론의 합작품이라고 할 수 있다. 삼팔선을 일시적인 군사분계선으로 인식하고 대미 협조를 모색하던 시기에 스탈린은 소련에 적대적이지 않은 부르주아민주주의국가가 한반도 전체에 들어서기를 바랐다. 미소공위를 둘러싼 힘겨루기는 한국인의 통일임시정부를 조금이라도 자신에게 유리하도록 구성하려는 안간힘이었다. 물론 그 시기에도 미국과의 적대적 모순이 돌출하는 사태에 대비하는 플랜 B는 있었다. 1946년 2월 수립된 북조선임시인민위원회는 소련에 우호적인 통일국가의 모델을 만들어 놓으려는 포석이었다. 그러나 예기치 않은 사태가 벌어지면 그 자체를 북한의 단독정부로 발전시킬 수 있다는 계산도 당연히 했을 것이다. 현실정치에서 그런 플랜 B도 마련하지 않고 행동에 나서는 경우는 상정하기 힘들다.

1947년 들어 유럽에서 동서냉전이 시작되고 그 여파가 한반도로도 밀려들자 플랜 B가 가동되기 시작했다. 그해 말 미국이 한반도 문제를 유엔에 상정한 것은 소련이 플랜 B를 꺼내든 결정적 계기였다. 통일국가의 모델로 추진되던 북한의 민주개혁은 이제 북한부터 지키고 보자는 민주기지론의 근거가 되었다. 그와 같은 플랜 B의 산물이 '미국의 식민지'로 전락한 남한 앞에 철의 기지를 쌓은 분단국가 조선민주주의인민공화국이었다.

3장 남북한 국호의 특징

　해방 후 최대의 과제는 민주주의였다. 좌우를 불문하고 모든 정당·사회단체의 첫 번째 목표는 민주주의적 자주독립국가를 건설하는 것이었다. 그러한 목표가 이루어졌다면 지금 우리는 민주주의적으로 결정된 단일 국호 아래 통일독립국가에서 살고 있을 것이다. 국민의 지지를 획득해 자신들의 예비 국호를 관철시킨 정치 세력은 권력의 중심에 서서 새 국가 건설의 과제를 책임져 나갔을 것이다. 그렇지 않은 세력은 이합집산을 거쳐 정권에 참여하거나 반대파의 길을 갔을 것이다.

　지금까지 살펴본 것처럼 그런 일은 일어나지 않았다. 대한민국과 조선민주주의인민공화국은 어느 한쪽이 국호의 지위를 잃는 위험을 무릅쓰는 대신 분단국가의 국호라는 지위를 나눠 가졌다. 그것은 물론 '국민의 자기 결정'이라는 민주주의적 원칙을 자의 반 타의 반으로 포기한 결과였다. 따라서 두 국호에는 민주주의적 자주독립국가라는 본래의 목적을 이루지 못한 데 따른 내상과 이를 어떻게든 치유하고 극복하려는 지향이 내재되어 있다. 그러한 내적 갈등이 70여 년이나 지난 오늘까지도 계속될 줄은 아무도 몰랐을 것이다. 통일독립국가의 국호로 만들어졌으나 분단국가의 국호라는 왜소한 처지에 머물고 만 대한민국과 조선민주주의인민공화국의 특징을 정리해보자.

1. 대한민국 국호의 특징

대한민국은 독립운동의 통합사령부를 지향하며 출범한 임정의 국호로 태어났으나 남한 단독정부의 국호로 귀결되었다. 용두사미처럼 되어버린 그 역사가 그대로 대한민국 국호의 성격을 규정한다. 민족적 통합의 상징인 동시에 불가피하게 분단의 상징이 된 것이다.

수천 년 동안 한 번도 한국인의 국호로 사용된 적이 없었던 대한은 20세기 전야의 긴급한 국제 정세 속에서 근대적 국민국가의 국호로 주조되었다. 대한제국이 구성원으로 참여하려고 했던 근대 세계는 베스트팔렌Westfalen 체제라는 유럽사의 특수한 산물이 전 세계로 확산되면서 만들어졌다. 베스트팔렌 체제는 이 세계가 배타적 주권을 갖는 독립국가들로 구성된다는 관념 위에 서 있다. 대한제국은 그 요건을 충족하기 위해 중국과 맺고 있던 전근대적 사대 관계를 청산하고 근대적 전제군주국을 지향하며 세상에 나왔다.

대한제국이 일제의 식민지로 전락하면서 근대 세계의 회원권을 상실하자 이를 대체할 새로운 독립국가로 설계된 것이 대한민국이었다. 근대적 국민국가의 코드로 주조된 대한이 근대적 공화 정체의 코드로 주조된 민국과 만난 결과였다. 임정이 애초의 포부대로 좌우를 망라한 독립운동 전반을 아우를 수 있었다면 대한민국이 한국인의 근대적 공화국을 표상하는 국호가 되는 데는 아무런 문제도 없었을 것이다.

그러나 임정이 초기부터 분열하고 여러 독립운동 단체의 하나로 상대화된 바람에 해방 당시 대한민국은 수많은 예비 국호 가운데 하나인 처지를 감수해야 했다. 해방 정국이 미국과 소련에 견인되는 좌우 대결로 줄달음치면서 대한민국은 좌익의 조선인민공화국에 대립하는 우익의 대표적 국호로 떠올랐다. 그러다가 분단이 가시화된 상황에서는 우익의 대표적 국호라는 지위도 흔들렸다. 대한민국 국호의 정치적 저작권자인 김구와 임정이 이를 단독정부의 국호로 인정하지 않았기 때문이다. 대한민국이 제헌국회에서 국호의 지위를 굳혀 가면 갈수록 분열과 대립의 코드가 되어가는 역설이 전개되었다. 이 역설은 대한민국 국호의 제정을 둘러싸고 빚어졌던 역사적 갈등이 해소될 때까지 결코 사라지지 않을 것이다.

근대성의 코드

대한민국 국호는 '대한'과 '민국'으로 구성된다. 대한은 조선왕조가 서구 중심의 근대 세계로 진입하면서 만들어낸 근대 국가의 코드였다. 민국은 근대 국가의 대표적 정치 이념인 민주주의와 대표적 정체인 공화정을 아우른 국체의 이름이었다. 대한은 처음에는 근대적 전제군주국의 민족적 칭호로 채택되었으나 일제강점기를 거치면서 민국과 결합해 오늘에 이르렀다.

전근대의 만주와 한반도를 일컫는 대표적인 이름은 조선과 삼한이었다. 삼한은 신라와 고려의 '삼한일통三韓一統' 이후 쓰임새가 확 줄어들었고, 조선은 조선왕조 500년 동안 한국인의 정체성을 규정하는 이름으로 확고하게 자리 잡았다. 그랬던 조선이 자의 반 타의 반으로 근대 국가로 거듭나는 길을 걸어야 했던 것은 1876년 2월 일제가 강요한 개항으로 근대 세계에 강제 편입되면서부터였다.

조선이 근대 세계의 정상적인 구성원이 되기 위해서는 유럽에서 만들어진 근대 국가의 기준에 스스로를 맞춰야 했다. 그것이 바로 베스트팔렌 체제였다. 17세기 유럽을 광기의 유혈사태로 몰아넣은 30년 전쟁은 1648년 베스트팔렌평화조약으로 막을 내렸다. 30년 전쟁은 종교개혁으로 촉발된 종교전쟁이었다. 신성로마제국을 통치하는 합스부르크가가 가톨릭으로 독일 전 지역을 통일하려 하자 프로테스탄트를 신봉하는 제후들이 이에 저항하면서 전쟁이 일어났다. 전쟁은 전개 과정에서 제국과 제후들이 제후국의 정치적 주권을 놓고 벌이는 세속 전쟁으로 비화되었다.

전쟁을 종결지은 베스트팔렌 평화조약은 수직적이고 불평등했던 나라들의 관계를 수평적이고 평등한 관계로 바꿔놓았다. 조약의 기본원리는 다음과 같다. 첫째, 군주는 자신의 영내에서 황제다rex est imperator in regno suo. 둘째, 한 지역의 종교는 그 지역 통치자의 종교를 따른다cujus regio, ejus religio. 여기서 황제란 어느 누구에게도 속하지 않는 최고의 주권자를 가리킨다. 예전에는 신성로마제국 황제의 주권이 제후국의 영내에도 미치는 것으로 간주되었지만 이제는 해당 제후국의 영주가 배타적인 주권을 갖게 된 것이다. 영주는 이 같은 세속적 주권뿐 아니라 제후국의 백성들에게 자신의 종교를 강요할 수 있는 종교적 주권마저 갖게 되었다. 베스트팔렌 체제는 이처럼 최고성과 배타성을 특징으로 하는 주권국가들의 국제체제였다.[66]

조선이 적응해야 하는 근대적 국제질서는 '만국공법萬國公法'으로 소개된 베스트팔렌 체제의 확장판이었다. 조선 국왕이 어느 누구에게도 예속되지 않는 배타적 주권을 가질 때 조선은 근대 세계의 정당한 일원이 될 수 있는 것이었다. 그때 문제가 되는 것이 바로 중국에 대한 전통적인 사대 관계였다. 조선은 국초부터 명明에 사대를 했고, 유럽에서 베스트팔렌 체제가 출범할 무렵에는 청과 사대 관계를 맺었다. 사대 관계가 근대의 제국-식민지 관계와 같은 것은 아니었지만 베스트팔렌 체제의 주권 개념에서는 의문부호가 달릴 수 있었다.

이 같은 의문부호를 제거하고 조선을 명실상부한 근대 세계의 일원으로 만들기 위해 단행한 것이 1897년 10월 12일의 칭제와 국호 변경이었다. 1899년 8월 17일 반포된 〈대한국국제大韓國國制〉 제1조는 대한국이 "세계만국의 공인돼온 바 자주독립해온 제국"[67]이라고 명기하고 있다. 독립국으로서 세계 여러 나라의 공인을 받았다는 것은 대한제국이 만국공법에 근거한 근대 국가임을 의미한다. 조선 대신 대한이 근대의 코드로 자리매김된 것이다.

17세기의 베스트팔렌 체제가 대등한 주권국가들로 이루어진 근대적 세계 질서의 밑그림이었다면, 18세기 시민혁명은 근대 세계의 또 다른 특징을 보여준다. 민권이다. 1776년의 미국 독립선언과 1789년의 프랑스 대혁명은 민주주의와 공화제를 근대의 가장 중요한 가치로 올려놓았다. 물론 민주공화국이라야만 근대 국가인 것은 아니다. 〈대한국국제〉 제2조가 대한제국의 정체를 전제군주정으로 명시하고 있다고 해서 대한제국이 근대 국가가 아니라고 할 수는 없다. 당대의 일본과 독일이 전제군주국이면서 근대 국가인 것과 같다. 그러나 시간이 흐를수록 민주공화정은 전제군주정을 대신해 근대의 대표적인 정체로 자리 잡아 갔다.

1919년 4월 11일 탄생한 임정이 대한민국을 국호로 채택한 것은 그와 같은 역사적 흐름을 정확히 반영하고 있다. 앞서 살펴본 것처럼 조선왕조에서도 민국이라는 용어는 사용되고 있었지만 이는 유교적 민본주의를 벗어난 것이 아니었다. 대한제국 멸망 뒤 《대동단결선언》과 삼일운동을 거치면서 민국은 민주주의 이념과 공화 정체를 함께 의미하는 말로 진화해갔다. 임정이 제정한 〈대한민국임시헌장〉이 민주공화정체를 명기한 것은 그 진화 과정의 귀결이었다.

이로써 대한민국 국호는 근대의 국제 질서가 요구하는 주권국가의 요건과 근대 세계가 추구하는 정치적, 도덕적 가치를 품고 있는 근대성의 코드로 자리 잡게 되었다.

반공의 코드

대한민국은 근대적인 자주독립국가와 민주공화정의 국호로 손색이 없다. 그러나 해방 후 한반도를 덮친 국제 정치의 격랑은 대한민국에도 의도치 않은 반쪽 국호의 운명을 안겨주었다. 해방 직후 대한민국은 임정의 정통성에 기반을 두고 좌익의 조선인민공화국과 대립각을 세우는 우익의 예비 국호였다. 통일독립국가 수립에서 제기되는 모든 문제와 더불어 국호도 치열한 논쟁을 거쳐 하나로 결정되어야 할 대상이었다. 그러나 정국의 흐름이 급변하면서 대한민국은 단정 추진 세력에 의해 반공의 코드로 재설정되고, 통일독립국가가 아닌 분단국가의 국호로 일단락되고 말았다.

앞에서 살펴본 것처럼 1923년 국민대표회의 이래 임정이 분열하면서 대한민국 국호는 좌익 계열로부터 외면받았다. 대한은 해방 후 좌익으로부터 '이조 말엽 패망기에 잠깐 존재했던' 칭호로 폄하되었다. 김일성은 대한민국을 '친일친미파 민족반역자들이 좌지우지하는 반동적 부르죠아 정권'이라고 매도했다.

이처럼 대한민국이 좌익의 견제를 받았던 것과 달리 중화민국 국호는 중국에서 극진한 대접을 받았다. 중국공산당은 중화민국을 반동적인 국호로 매도하기는커녕 도리어 자신들이 중화민국의 진정한 계승자라는 생각을 갖고 있었다. 중국공산당이 새 국호를 놓고 고민하고 있을 때 마오쩌둥은 중화민국 국호를 계승해서 사용하는 방안을 제안하기도 했다. 그는 중국공산당이 중국을 멸망시키는 게 아니라 구하는 것이고 새 나라를 세우는 게 아니라 낡은 정부를 새 정부로 대체하는 것이라고 주장했다. 또 중국공산당은 장제스에 반대하는 것이지 쑨원에 반대하는 것은 아니라고도 했다. 따라서 중화민국을 그대로 국호로 사용한다고 해서 안 될 것이 없다는 논리였다.

그러자 신해혁명에도 참여했던 여성운동가 허샹닝何香凝은 중화인민공화국이라는 새로운 국호에 찬성하면서 이렇게 말했다.

> 중화인민공화국 속에는 중화민국 네 글자가 포함되어 있습니다. 두 국호는 실질적으로 똑같습니다. 민국의 민은 인민을 뜻하고 중산中山(쑨원의 호) 선생은 일평생 공화를 위해 분투했으니 중화민국은 당연히 공화국입니다.[68]

공산당원들이 지지하는 중화인민공화국이라는 국호에 중화민국 글자와 그 뜻이 다 포함되어 있으니 이를 신중국의 국호로 채택해도 된다는 뜻이다.* 마오쩌둥은 허샹닝의 설명에 동의하고 더 이상 자신의 주장을 밀어붙이지 않았다. 대신 중화인민공화국 뒤에 괄호를 하고 '중화민국'을 간칭으로 표기하는 방안이 논의되었다. 그러나 신구 국호의 병용並用은 전례도 없고 인민공화국의 의의도 훼손한다는 지적에 따라 기각되었다. 그래도 민간에서 오랜 세월 익숙해진 중화민국 칭호를 사용하는 것은 허락하기로 했다. 시간이 흐르면서 중화인민공화국이 널리 쓰이게 되자 중화민국이란 칭호는 중국

---

* 중국공산당이 국체를 '민국'이 아닌 '공화국'으로 정한 것은 신민주주의 강령에 기초한 새로운 국가를 중화민국과 차별화하려는 의도적 선택이었다고 한다. 이병호, 〈'중화인민공화국' 국호(國號) 작명 과정 고찰 – 특히 연방제 채택 문제와 관련해〉,《東北亞歷史論叢》, Vol. -, No. 45(2014), p. 261.

본토에서 서서히 사라져갔다.[69]

중화민국과 달리 대한민국은 좌익으로부터 철저히 배척당하면서 점점 더 우익만의 국호가 되어갔다. 그래도 미소공위가 작동하는 동안에는 통일독립국가의 국호 지위를 놓고 조선인민공화국과 대결을 벌이기라도 했다. 미소공위가 결렬되고 단정 국면이 도래하자 대한민국은 이승만을 중심으로 한 단정 추진 세력의 독점 구호처럼 되어버렸다. 일제강점기 내내 대한민국 국호를 지켜왔던 김구와 임정 세력은 단정에 협력하지 않았고, 당연히 단정이 대한민국 국호를 쓰는 것도 반대했다. 비록 좌익을 다 포용하지는 못했지만 임정의 정신은 어디까지나 통일독립국가로 거듭나는 것이었기 때문이다.

이승만이 김구의 반대를 무시한 채 단정을 밀어붙이고 민족적 칭호로 고려를 제안한 한민당 계열의 주장도 뿌리치면서 대한민국은 남한의 국호로 확정되었다. 좌익이 정권을 장악한 북한에서 대한민국이 멸시당한 것처럼 남한에서도 조선은 사용할 수 없는 칭호가 되어버렸다. 1950년 1월 국무원고시 제7호는 다음과 같이 명기하고 있다.

> 우리나라의 정식 국호는 '대한민국'이나 사용의 편의상 '대한' 또는 '한국'이란 약칭을 쓸 수 있되, 북한 괴뢰정권과의 확연한 구별을 짓기 위하여 '조선'은 사용하지 못한다.[70]

심지어 민간에서조차 조선의 사용을 금지하려는 움직임이 있었다. 1950년 8월 전시내각 공보처장인 김활란金活蘭은 "조선일보의 '조선'이라는 제호는 북이 쓰는 국호이니 이를 바꿔야 한다."고 주장했다. 이 주장을 놓고 국무회의에서 격론이 벌어졌다. 그러나 강력한 반공주의자였던 이승만도 이런 주장만은 "조선일보는 일제 때부터 사용한 고유명사인데 '조선'이면 어떻고 '한국'이면 어떠냐"면서 받아들이지 않았다.[71]

이처럼 대한민국은 분단이 고착화되어 가는 정세 속에서 조선민주주의인민공화국과 적대적으로 맞물리며 본래의 뜻과는 관계없이 점점 더 반공과 분단의 코드로 굳어져갔다.

2. 조선민주주의인민공화국 국호의 특징

김일성이 했다는 말에 따르면 국호에는 "국가정권의 계급적 본질과 국가 형태가 반영"[72]된다. 그렇다면 조선민주주의인민공화국이라는 국호에는 어떤 '계급적 본질'과 '국가 형태'가 반영되어 있을까?

민주주의인민공화국을 구성하는 각각의 단어들은 넓게는 근대 세계의 발전 과정, 좁게는 사회주의 세계의 발전 과정에서 형성된 보편적 개념을 담고 있다. 이 보편적 단어들이 조선이라는 민족적 특수성의 표지 아래 특수한 역사적 과정을 거치면서 한데 묶여 북한 사회의 특수성을 표현하는 국호로 주조되었다.

이 길고 독특한 국호에는 국내외에서 발전해온 사회주의 계열의 국가건설론이 다양한 정치 세력의 경험을 매개로 반영되어 있다. 나아가 북한 정권 수립 과정과 궤를 같이하며 전개된 분단 현실 역시 조선민주주의인민공화국 국호에 오롯이 녹아 있다.

특히 민주주의와 인민을 국호에 함께 사용한 것은 전례가 없다는 점에서 북한 국호의 특징으로 꼽힌다. 북한보다 1년 늦게 국가를 수립한 중국도 민주와 인민을 국호에 함께 넣는 방안을 검토했지만 최종적으로는 민주를 탈락시켰다. 중화인민공화국 국호의 제정 과정과 비교해보면 북한 국호의 특수성이 더 잘 드러날 것이다.

세계사적 실험의 코드

조선민주주의인민공화국은 19세기 후반 이래 전 세계적으로 진행되어온 사회주의 실험이 한반도에 적용된 대상이다. 1918년 한인사회당이 출범한 이래 국내외에서 치열하게 전개된 사회주의 운동은 조선민주주의인민공화국의 탄생으로 귀결되었다. 그런 나라의 국호에 사회주의를 지시하는 단어가 없다는 것은 역설적이다. 이 역설 속에 식민지 시기와 해방 후 사회주의 운동이 겪은 역경과 시행착오의 역사가 고스란히 녹아 있다.

사회주의는 자본주의가 고도로 발달한 끝에 한계에 이르면 이를 대체하고 인류를 더 높은 단계의 진보로 이끌 것이라 믿어지는 사회 체제이다. 과학적 사회주의의 창시자인 칼 마르크스와 프리드리히 엥겔스Friedrich Engels는 다수의 자본주의 선진국에서 동시에 사회주의 혁명이 일어날 것으로 예측했다.[73] 그러나 적어도 그들의 생애에 그런 일은 일어나지 않았다. 엥겔스가 1848년 2월 혁명을 돌아보며 토로했다는 말처럼 "그와 마르크스가 자본주의의 단말마의 고통이라고 오인한 것은 실은 탄생의 진통"[74]이었을지도 모른다.

1917년 10월 러시아에서 세계 최초의 사회주의 혁명이 일어난 뒤에도 서유럽과 아메리카의 열강은 자본주의 선진국으로 남았다. 러시아혁명을 주도한 레닌은 당시 자본주의가 최고 단계인 제국주의에 이르렀고, 제국주의는 "프롤레타리아 혁명의 전야"[75]라고 진단했다. 그 진단을 받은 뒤로도 자본주의는 탐욕스러운 생존 본능을 과시하며 100년이 넘도록 장수하고 있다.

식민지 조선의 사회주의자들은 레닌의 시대에 활동을 시작했다. 엥겔스가 목격한 것이 '자본주의 탄생의 진통'이었다면, 그들이 목격한 것은 자본주의에 진입하기도 전에 최고 단계의 자본주의 국가에 짓밟히고 있던 식민지의 고통이었다. 레닌은 그들에게 먼저 제국주의가 억압하고 있는 식민지의 자본주의적 발전을 촉진하라고 주문했다. 그와 동시에 노동자·농민을 계급적으로 각성시키고 조직해 사회주의 이행을 준비하는 것이 식민지 사회주의자들의 이중적 임무였다. 바로 여기서 민주공화국이나 인민공화국이 부르주아민주주의공화국인 동시에 사회주의를 지향하는 국가라는 의미를 획득한다.

조선공산당의 인민공화국, 조국광복회의 인민정권, 조선독립동맹의 민주공화국 등은 모두 부르주아민주주의혁명을 수행하면서 사회주의를 준비하는 실험의 산물이었다. 그 과정에서 인민의 범위가 신축을 거듭하고 민주주의가 신민주주의, 인민적 민주주의 등으로 다시 정의되었다. 조선민주주의인민공화국의 수립은 그러한 실험이 한반도의 북반부에서 일단락된 것을 의미한다. 광범한 민족통일전선을 통해 토지개혁 등 봉건적 요소를 청산하는 민주개혁을 실시했으니 실험의 1단계는 통과한 셈이었다.

남은 실험은 빠른 속도로 자본주의 단계를 거치지 않고 사회주의 건설로 나아가는 것이었다. 한반도처럼 식민지를 경험한 후진국에서 그런 비약적 발전이 가능할까? 이와 관련해 레닌은 코민테른 제2차 대회에서 다음과 같이 말했다.

> 공산주의 인터내셔날[코민테른]은, 후진국이 선진국의 프롤레타리아트의 도움을 받아 자본주의 단계를 거치지 않고서, 소비에트 체제로, 일정한 발전단계를 지나서는 공산주의로 이행할 수 있다는 제안을 적절한 이론적 근거를 가지고 제시하지 않으면 안 된다.[76]

1948년 시점에서 북한과 같은 후진국에 그와 같은 도움을 줄 수 있는 선진국은 소련 말고는 없었다. 국력에서 소련을 능가하는 미국, 영국 등의 선진국은 북한의 사회주의 건설을 도울 용의가 전혀 없는 자본주의 국가였다. 바로 그때 북한은 소련의 도움으로 이미 민주개혁을 실시할 수 있었고 곧 사회주의로 나아갈 조건도 갖추었다고 믿고 있었다. 조선민주주의인민공화국 국호에는 바로 그런 믿음이 아로

새겨져 있다. 여기서 조선민주주의인민공화국은 자본주의가 건재한 세계에서 과연 구식민지 후진국이 탈식민과 동시에 사회주의로 나아가는 것이 가능한가 하는 세계사적 실험의 코드로 자리매김된다.

반미의 코드

북한처럼 민족통일전선을 통해 민주개혁을 실시하고 사회주의로 나아가려는 후진국은 적지 않았다. 그들 가운데 국호에 민주(주의)와 인민을 둘 다 포함한 국가는 거의 없었다. 폴란드인민공화국이나 독일민주공화국처럼 대개 둘 중 하나만 썼다.* 그럼에도 북한이 끝내 긴 국호를 유지한 이유, 특히 민주주의를 고수한 이유는 분단 상황을 빼놓고 설명할 수 없다. 북한처럼 민주와 인민이 함께 들어간 국호를 고민했던 중국과 비교하면서 이 문제를 살펴보겠다.

마오쩌둥은 《신민주주의론》에서 혁명 후 세워질 국가의 명칭을 중화민주공화국으로 제시했다. 여기서 '민주'는 1940년대 초 중국 공산당 지도부가 강조한 신민주주의 원칙이 반영된 말이다.[77] 1948년 들어 국공내전의 승리가 확실시되자 중화민주공화국을 중화인민공화국으로 변경하려는 움직임이 일어났다. 그해 말 마오쩌둥은 "1949년에는 반동분자의 참가 없이 인민혁명 임무의 완수를 목표

---

* 북한 정부 수립 후 20년 가까이 지난 1967년 남예멘민주인민공화국이 생겼고, 1975년에는 라오스인민민주공화국이 수립되었다. 또 에티오피아가 1987년부터 4년 동안 '인민민주공화국'이라는 국호를 사용한 바 있다.

로 하는 정치협상회의를 소집하고 중화인민공화국의 성립을 선포
할 것"[78]이라고 밝혔다. 국공합작이 가동되던 때와 달리 국공내전을
승리로 이끌어 인민 정권을 확립할 수 있다는 자신감이 반영된 말이
었다.

그러나 신중국 건설에 참여할 민주 정파, 소수민족 등과 협력하
는 과제를 생각할 때 민주는 포기하기 어려운 말이었다. 그런 관점에
서 민주공화국과 인민공화국을 절충한 인민민주공화국, 인민민주
국 등이 제안되기도 했다.[79] 1948년 10월말 중국공산당은 중국의 모
든 민족이 연합해 세울 정부의 이름을 '중화인민민주공화국'으로 규
정했다.[80] 이듬해 6월 여러 민주 정파가 새 민주연합정부의 틀을 짜
기 위해 모인 신정치협상회의(신정협)주비회에도 그 이름이 국호 원
안으로 제출되었다.[81]

신정협주비회는 신중국의 공동강령을 논의하면서 국호 문제에
대해서도 치열한 논쟁을 벌였다. 중화인민민주공화국이 국호로는
너무 길고 인민이 민주를 포함한다며 민주를 빼자는 주장도 있었
다.[82] 또 민주와 공화는 본질적으로 같은 의미이자 상호 대체할 수 있
으므로 '중화인민민주국'으로 하자는 주장도 있었다.[83] 열띤 토론 끝
에 전자의 논지가 받아들여져 국호 원안은 중화인민공화국으로 변
경되었다.

그해 8월 14일 중국공산당은 중앙정치국회의를 열고 신정협주
비회의 제안에 따라 "국호는 중화인민공화국으로 정한다"는 결정을
내렸다.[84] 이어 9월 27일 중국인민정치협상회의 제1차 전체회의에서

중화인민공화국은 정식 국호로 최종 확정되었다. 그에 따라 마오쩌둥은 10월 1일 톈안먼광장에서 중화인민공화국 수립을 만방에 선포했다.

중국보다 1년 앞서 국호를 확정한 북한에서도 중국처럼 국호가 너무 길고 전례가 없다는 지적은 수없이 제기되었다. 그런데도 북한의 국호 제정 과정은 왜 중국과 다른 결과로 이어졌을까? 그 이유의 일부를 바로 신중국 수립 당시와 다른 한반도의 분단 상황에서 찾을 수 있다.

신중국 수립 당시는 중국공산당이 국공내전에서 사실상 승리한 상태였으므로 민족통일전선의 키워드인 민주를 빼는 데 부담이 덜 했을 것이다. 반면 북한은 정부 수립 직전까지도 남북협상을 추진하고 남한의 단독정부에 반대하는 모든 세력을 규합하는 데 힘을 쏟고 있었다. '민주주의'민족통일전선이 포기할 수 없는 정치 노선이듯 '민주주의'인민공화국 역시 포기할 수 없다는 것이 북한 주도 세력의 생각이었을 것이다. 김일성은 민주주의를 빼자는 말이 "조국이 남북으로 갈라진 조건에서 혁명을 수행한다는 것을 무시한데서 나오는 매우 그릇된 주장"[85]이라고 비판했다.

국호의 민주주의를 지탱하는 논리로 기능한 것이 민주기지론이다. 민주기지론에 따르면 북한은 반동 진영과 민주 진영이 첨예하게 맞붙는 전선에서 민주주의를 지키고 확산시킬 첨단 기지이다. 이처럼 중차대한 사명을 띠고 수립되는 국가의 이름에서 민주주의를 떼어낸다니, 가당치도 않은 노릇인 셈이다. 민주기지론은 한반도의 정치 구도에서 남한을 지워 버렸다. 조선민주주의인민공화국의 탄생과 더불어 한반도는 북한과 미국이 대결하는 공간이 되었다. 남한은 그저 민주기지로부터 발진한 전사들에 의해 해방되어야 하는 아우슈비츠가 되어버렸다.

　이 같은 구도가 얼마나 사실을 반영하는가 하는 문제는 별도의 고찰을 요구하는 주제이다. 분명한 것은 민주기지론에 따라 조선민주주의인민공화국 국호는 북한의 미래를 예언하는 주문呪文이 되었다는 사실이다. 민주기지론은 진영론의 하위 논리였지만 민주기지론이 한반도에 만들어 놓은 북한 대 미국의 대립구도는 진영론이 소멸한 뒤에도 오래도록 이어졌다. 북한은 자본주의 진영에 맞서는 사회주의 진영의 기지일 뿐 아니라 제국주의 미국에 맞서는 자주와 민족해방의 기지이기도 했기 때문이다.• 북한이 1960년대 초 사회주의 진입을 선언하고도 다수의 동유럽 국가들과 달리 국호에 사회주의를 넣지 않고 민주주의인민공화국을 유지한 이유도 여기에 있다.

　미 제국주의가 남한을 강점하고 민족해방의 기지를 위협하고 있다는 논리 틀은 북한에서 더 이상 민주주의를 거론할 수 없게 된 시점까지도 그곳의 인민을 장악했다. 김정일은 "수령님께서는 먼 앞날을 내다보시고 국호를 조선민주주의인민공화국이라고 제정하여 주

• 김일성이 1945년 10월 3일 평양로농정치학교에서 한 강의라는 〈진보적 민주주의에 대하여〉는 북한에서 '민주주의'의 정의를 내린 고전으로 일컬어진다. 이 강의에서 특기할 사항은 '진보적 민주주의'의 첫 번째 요소로 '자주'를 꼽고 있다는 점이다. 《김일성저작집 1》, pp. 280-303; 《김일성전집 2》, pp. 64-86.

시였다"[86]고 술회한 바 있다. 조선민주주의인민공화국 국호가 길고 지루하게 지속될 북미 대립의 구도 위에서 제정된 사실을 가리키는 발언으로도 풀이할 수 있다.

1948년 시점에서 조선민주주의인민공화국 국호는 후진국의 사회주의 건설이라는 세계사적 실험의 코드였다. 또한 진보적 민주주의를 향한 전진이 북위 38도선에서 막혀 있다는 북한의 인식을 보여주는 분단의 코드이기도 했다. 상호 결합된 두 가지 코드는 소련이 해체되고 북한이 고립된 냉전 이후의 세계에서도 북한 체제를 유지시키는 주문으로 남아 있었다.

나가며

    대한민국과 조선민주주의인민공화국은 미완의 국호다. 통일독립국가의 국호로 제출되어 분단국가의 국호로 귀결되었기 때문에 미완의 국호다. 또한 해방 후 한국 현대사가 전진을 멈췄던 지점을 표시하고 있기 때문에 미완의 국호다.

    일란성 쌍둥이면서도 모습과 성격이 완전히 다른 두 국호는 서로 경쟁하는 가운데 제정되었다. 그 경쟁의 기원은 대한과 조선의 분립으로 거슬러 올라간다. 민족주의자들은 중국에 사대했던 왕조의 이름이자 식민지의 칭호이던 조선 대신 근대성에 더 근접했다고 본 '대한'을 선택했다. 대한민국임시정부는 그렇게 탄생했다. 사회주의자들은 처음에는 임정에 참여했으나 노선 차이로 갈라져 나와 대한을 버리고 일반 민중에게 더 친근한 '조선'을 선택했다.

    정체와 국체를 나타내는 민국과 민주주의인민공화국은 말의 뜻에서 근본적인 차이는 없다. 둘 다 민이 주권을 행사하는 공화 정체의 근대 국가를 뜻하기 때문이다. 그러나 양자는 좌우로 갈린 독립운동과 통일독립국가 건설 과정, 그리고 분단의 역사 속에서 매우 다른 의미를 획득해왔다.

    민국은 조선 후기 들어 사대부의 프리즘을 통하지 않은 국가(왕)

와 민의 소통을 강조하면서 간간이 쓰이게 된 조어였다. 그 용례는 고종 때로 가면서 부쩍 늘어나지만 근대적 국민 주권과는 거리가 먼 유교적 민본주의의 틀을 벗어나지 않았다. 대한제국 시기에 들어서면 서구의 공화국을 민국으로 표기하는가 하면, 민권을 강조하는 일부 민간단체와 언론이 대한민국을 국호처럼 쓰는 사례가 나타나기도 한다.

임정이 대한민국을 국호로 채택한 것은 이 같은 자생적 발전의 귀결이기도 했지만 조금 앞서 수립된 중화민국의 영향을 받은 것이기도 했다. 쑨원은 청 왕조를 대체하는 근대적 공화국을 창건하면서 서구의 공화국이 가진 한계를 극복하기 위해 민국이라는 용어를 사용했다. 민이 주권을 행사하는 나라라는 뜻을 분명히 하기 위한 선택이었다. 임정 역시 국내에서 자생적으로 발전해온 민권 개념을 대한이라는 근대적 국민국가의 코드와 결합시켜 대한민국이라는 국호를 탄생시켰다.

한편 민주주의인민공화국은 현대 사회주의와 민족해방운동의 발전 과정에서 구체적 의미를 획득해왔다. 한국 사회주의는 세계 사회주의 운동의 본부인 코민테른의 지도를 받으며 성장했다. 코민테른은 식민지·반식민지 사회주의자들에게 반제·반봉건 부르주아민주주의혁명의 과제를 제시하고 민족 부르주아지와 협력할 것을 권고했다. 1925년 창당한 조선공산당은 그 영향 아래 부르주아민주주의혁명 단계의 인민공화국을 구상했다. 1930년대 중반부터 만주에서 항일투쟁을 벌이던 조국광복회 세력은 독립적 인민정부를 강령

으로 내걸었다. 또 1940년대 들어 화북에서 중국공산당과 항일연합
전선을 펼치던 조선독립동맹은 마오쩌둥의 신민주주의에 영향을
받아 독립·자유의 조선민주공화국을 지향했다.

이 같은 국내외 사회주의 계열의 국가건설론은 해방 후 조선민주
주의인민공화국으로 합류한다. 식민지 사회주의 운동의 경험을 바
탕으로 인민 중심의 민주주의를 완성하고 무착취사회로 전진한다
는 목표가 조선민주주의인민공화국 국호에 담겨 있었다. 조선민주
주의인민공화국 국호는 식민지였던 후진국이 인민의 힘으로 탈식
민과 민주주의를 이룩하고 급속히 사회주의로 이행한다는 세계사
적 실험의 코드였다고 할 수 있다.

대한민국이 남한의 국호로 제정되는 과정은 크게 세 단계를 거쳤
다. 1919년 4월 11일 임시의정원 제1차 회의가 대한민국을 임시정
부의 국호로 결정한 것이 첫 번째 단계였다. 두 번째 단계는 해방 직
후 좌익 계열이 조선인민공화국의 수립을 선포하자 우익 계열이 대
한민국을 그 대항마로 내세웠을 때였다. 당시 김성수, 이승만, 김구
등 이질적인 세력들이 대한민국 국호를 중심으로 결집한 것은 임정
의 권위가 그만큼 컸기 때문이다. 대한민국과 조선인민공화국의 대
립 구도는 1947년 하반기 제2차 미소공위 국면까지 이어졌다. 세 번
째 단계는 제2차 미소공위가 결렬되고 통일임시정부 수립의 희망이
사라질 무렵 시작한다. 1946년 제1차 미소공위가 무기 휴회할 무렵
부터 남한의 단정을 추진해온 이승만 계열은 이를 더욱 더 밀어붙이
면서 단정의 국호로 대한민국을 고수했다. 반면 대한민국의 정치적

저작권자라 할 수 있는 김구와 임정은 단정에 결사반대했다. 당연히 단정이 대한민국이란 국호를 갖는 데도 반대했다. 그런가 하면 같은 단정 세력이면서도 권력 구조를 놓고 이승만과 대립한 한민당 계열은 종전의 태도를 바꿔 고려를 국호의 민족적 칭호로 제기했다. 결국 이승만의 정치적 승부수가 통하면서 단정이 수립되고 대한민국은 임정의 꿈에 비하면 초라한 분단국가의 국호로 새 출발하게 되었다.

조선민주주의인민공화국이 북한의 국호로 제정되는 과정도 크게 세 단계로 나눠 볼 수 있다. 첫 단계는 1945년 9월 조선인민공화국이 수립되어 대한민국임시정부와 통일정부의 국체를 놓고 경쟁을 벌이던 시기였다. 그해 10월 결성된 조선공산당북조선분국이 주로 내건 슬로건도 조선인민공화국 수립이었다. 두 번째 단계는 1946년 8월 북로당 창당을 전후해 민주주의인민공화국 칭호가 대두한 시기였다. 민주주의인민공화국은 1947년 제2차 미소공위 국면에서 남로당의 인민공화국과 경쟁관계에 놓인다. 세 번째 단계는 미소공위가 결렬되고 한반도 문제의 유엔 상정으로 분단 위기가 고조되던 1947년 말 시작한다. 북한이 헌법 제정에 돌입하면서 조선민주주의인민공화국이 헌법 초안에 국호로 명시되었다. 헌법 제정 과정에서 '아홉 자 타령'을 거친 조선민주주의인민공화국 국호는 1948년 9월 8일 최고인민회의에서 최종 확정되었다. 이로써 통일독립국가를 향한 지난한 대장정은 서로 다른 국호를 갖는 두 개의 국가가 분립하는 것으로 귀결되고 말았다.

남북한의 국호를 대한민국과 조선민주주의인민공화국으로 확정한 결정적 요인은 분단이었다. 또한 이어진 분단 상황은 두 국호의 성격을 지속적으로 재규정해왔다.

대한민국이 민족적 정통성을 자부할 수 있는 국호로 탄생한 것은 분명하다. 그러나 대한민국 국호를 둘러싼 역사는 그와 같은 정통성을 스스로 훼손하는 행위들로 얼룩져왔다. 좌우를 망라한 민족의 총의를 모아 자주독립의 민주공화국을 세운다는 임정의 창립 취지는 초기부터 흔들렸다. 대한민국이 통일독립국가의 국호가 되어야 한다는 신념만은 잃지 않았던 김구와 임정 세력은 정작 대한민국 정부 수립으로부터 배제되었다. 이후 대한민국 정부는 오랜 세월 자유민주주의를 수호한다는 명분 아래 분단 체제를 허물려는 사람들을 종북, 용공으로 몰아붙이며 가차 없는 탄압을 가했다.

극우반공 독재국가의 상징으로 전락해 가던 대한민국을 살려낸 것은 1980년대의 민주화였다. 민주화 이후 대한민국의 이름 아래 항일투쟁과 통일독립국가 건설의 역사를 포용하자는 목소리가 높아져왔다. 물론 그러기 위해서는 임정이 분열되기 이전, 민족해방과 민주주의를 향한 진보의 대로에 서 있던 초창기 독립운동의 정신으로 돌아가지 않으면 안 될 것이다.

조선민주주의인민공화국은 민족해방과 진보적 민주주의를 향한 전진이 북위 38도선에서 막혀 있다는 북한의 인식을 보여주는 국호이다. 일시적 분단을 상정한 북한의 민주기지론은 '미국의 식민지'로 전락한 남한과 대비되는 자신들의 '민주주의'를 거듭 강조하게 했다. 그런 의미에서 조선민주주의인민공화국은 남한을 미국으로부터 해방하고 전국적 민주주의를 달성하는 날 해소될 임시 국호이기도 했다.

조선민주주의인민공화국이 민주주의로부터 멀어져가는 것처럼 보이는 상황에서도 인민을 장악해왔다는 것은 놀라운 일이 아니다. 그 국호는 북한이 '반동 세력의 수괴'인 미국과 최전선에서 맞닥뜨리는 구조 위에 서 있었다. 그러한 구조는 소련과 동유럽 사회주의가 몰락한 뒤에도 '민족해방'을 버팀목으로 삼아 강고하게 유지되었다. 조선민주주의인민공화국이라는 주문은 그 구조의 해체를 갈망하면서도 역설적으로 그 구조의 온존 위에서 효력을 발휘해왔던 것이다.

대한민국과 조선민주주의인민공화국의 미래는 어떻게 될까? 두 국호가 남북한의 정치적 변화와 운명을 같이하리라는 것은 누구나 예상할 수 있다. 남한 중심으로 통일이 되면 통일 국호는 대한민국으로 결정될 것이다. 북한이 사회주의 체제를 유지한 채 남한을 통합한다면 전국적 범위에서 인민민주주의혁명이 완수되었다는 명분 아래 조선사회주의공화국으로 개칭할 가능성이 높다. 전자는 독일의 사례, 후자는 베트남의 사례에서 유추할 수 있다.

그러나 어느 한쪽이 다른 한쪽을 흡수통일하지 않는 한 단일 국호의 제정은 험난한 논의 과정을 필요로 할 것이다. 완전한 통일이 아니라 국가연합이나 연방제 같은 과도기를 설정한다 하더라도 그 연합체의 이름을 놓고 논쟁이 벌어질 수밖에 없다. 베트남과 독일의 통일 과정에서는 고민할 필요도 없었던 문제가 걸려 있는 것이다. 그 나라들과 달리 민족적 칭호마저 달리하며 갈라섰던 과거가 이렇게 후손들의 발목을 잡고 있다.

통일 국호에 관해서는 그동안 논의가 없지 않았다. 북한은 이미 고려민주연방공화국이라는 타협안을 제시한 바 있다. 제2차 미소공위 기간에 좌우합작을 추진한 중간파들이 제시했던 고려공화국과 기본 발상은 같다. 남북이 이미 대한과 조선이라는 민족적 호칭을 쓰고 있기 때문에 제3의 대안으로 고려를 택한 것이다. 고려가 사실상 최초로 한반도의 통일을 달성한 나라였다는 것, 남북한의 세계적 호칭인 '코리아Korea'의 본래 이름이라는 것이 장점이다. 그러나 이 역시 북한에서 통일전선의 일환으로 제시한 이름이라는 이유로 남한에서 거부감을 갖는 사람들이 있는 것도 사실이다.

일시적 현상일 줄 알았던 분단 상황이 70년을 훌쩍 넘었다. 대한민국과 조선민주주의인민공화국이 앞으로도 얼마나 더 분단국가의 국호로 남게 될 지 짐작하기 어렵다. 그러나 아무리 오랜 세월이 흘러도 변하지 않는 사실이 있다. 두 국호는 처음부터 통일국가의 국호로 설계되었다는 것이다. 그 통일국가는 전국적 차원에서 자주독립과 민주주의를 구현하는 것을 지향하고 있었다. 분단된 채로 80년이 지나고 100년이 지나도 남북한이 두 국호를 버리지 않는 한 통일 국호를 향한 양자의 경쟁은 계속될 것이다. 둘 중 하나, 아니면 제3의 대안으로 결론이 날 때까지.

주

들어가며

1   황태연, 〈'대한민국' 국호의 기원과 의미〉, 《정치사상연구》, Vol. 21, No. 1(한
국정치사상학회, 2015), pp. 35-87.

2   허정숙, 《민주건국의 나날에》(평양: 조선로동당출판사, 1986), p. 262.

1부

1   《고종실록》, 36권, 고종 34년(1897) 10월 11일.

2   위의 책, 같은 기사.

3   〈韓国ノ国号ヲ改メ朝鮮卜称スルノ件(明治43年勅令第318号)〉.
http://www.geocities.jp/nakanolib/rei/rm43-318.htm, 2018년 3월 25일 검색.

4   〈噫死而不知其痛乎〉, 《新韓民報》, 1910년 7월 6일.

5   조동걸, 〈임시정부 수립을 위한 1917년의 대동단결선언〉, 《한국학논총》, 제9
집(국민대학교 한국학연구소, 1987), p. 160.

6   김백철, 〈조선 후기 영조대 백성관의 변화와 '民國'〉, 《한국사연구(138)》,
p. 124.

7   《승정원일기》, 영조28년(1752) 1월 3일.

8   《승정원일기》, 영조51년(1775) 12월 8일.

9   이태진, 〈高宗時代의 '民國' 이념의 전개〉, 《震檀學報(124)》, 2015, p. 60.

10   《고종실록》 3권, 고종 3년(1866) 9월 11일.

11   《고종실록》 17권, 고종 17년(1880) 8월 28일.

12   이태진, 앞의 글, p. 69.

13   《고종실록》 39권, 고종 36년(1899) 5월 30일.

14 이태진, 앞의 글, p. 71.

15 〈대한 전정(大韓錢政)〉,《독립신문》, 1899년 4월 4일.

16 〈上政府書〉,《大韓每日申報》, 1907년 1월 6일.

17 〈哭裵說公〉,《大韓每日申報》, 1909년 5월 30일.

18 〈'中华民国'国号来源考〉, 新华网, 2015년 12월 25일.

19 胡明华,〈'中华民国'国号考〉,《江苏社会科学》, 2012(3), pp. 217-221.

20 송민,〈'합중국'과 '공화국'〉,《새국어생활》, 제11권 제3호(2001년 가을), p. 98.

21 박찬승,《대한민국은 민주공화국이다》(파주: 돌베개, 2013), p. 130.

22 〈臨時議政院紀事錄 第1回(1919. 4.)〉, 한국사데이터베이스,
    http://db.history.go.kr/id/ij_002_0010_00020, 2018년 3월 25일 검색.

23 呂運弘,《夢陽 呂運亨》(서울: 靑廈閣, 1967), p. 41.

24 呂運弘, 앞의 책, p. 41.

25 오영섭,〈대한민국임시정부 초기 위임통치 청원논쟁〉,《한국독립운동사연
    구》, 41, 2012, p. 100.

26 임대식,〈특별기획 통일조국의 이름짓기 일제시기·해방후 나라이름에 반영
    된 좌우갈등 -右'대한'·左'조선'과 南'대한'·北'조선'의 대립과 통일-〉,《역사
    비평》, 1993년 5월, p. 39.

27 김명섭,〈조선과 한국: 두 지정학적 관념의 연속과 분화〉, 연세대-서울대 협
    력연구 프로젝트 '통일의 신지정학', 2015, p. 121.

28 〈朝鮮の獨立を目的とする〈韓國民族革命黨〉組織の經過〉, 高等法院檢事局
    思想部,《思想彙報》, 第五號(1935.12), p. 92.

29 한홍구,〈조선독립동맹의 활동과 조직에 대하여〉,《국사관논총》, 제23집
    (1991), p. 238.

30 瞿建湘,〈中华人民共和国国号的来历〉,《老年人》, 2004年 第10期, p. 35.

31 최영택,〈소련民族自治制度의 운영실태와문제점〉,《北韓》, 1989년 3월호,
    p. 142.

32 Jane Degras selected & edited, *The Communist International Documents
    1919~1943 Volume I 1919~1922* (London: The Royal Institute of
    International Affairs, 1955), pp. 139-144; 편집부 편역,《코민테른과 통일전선
    -코민테른 주요문건집-》(서울: 도서출판 白衣, 1988), p. 336.

33 임경석, 〈일제하 공산주의자들의 국가건설론〉, 《大東文化硏究》, Vol. 27, No. -(성균관대학교 대동문화연구원, 1992), pp. 210-211.

34 Suh Dae-sook, *The Korean Communist Movement*, 1918~1948 (NJ: Princeton, 1967), pp. 37-38.

35 편집부, 〈자료 발굴 조선공산당선언〉, 《역사비평》, 1992년 11월, pp. 354-355. 원문은 조선공산당 창건을 주도한 조봉암曺奉岩, 1898-1959, 김단야, 김찬 등이 일제의 검거를 피해 상하이로 가서 간행한 타블로이드판 신문 《불꽃》 제7호(1926년 9월 1일)에 실렸다.

36 편집부, 앞의 글, p. 360.

37 서중석, 〈해방후 주요정치 세력의 국가건설방안〉, 《大東文化硏究》, Vol. 27, No. -(성균관대학교 대동문화연구원, 1992), p. 234.

38 임경석, 앞의 글, p. 214.

39 梶村秀樹·姜德相 編, 《現代史資料 (29) 朝鮮(五) 共産主義運動(一)》(東京: みすず書房, 1972), p. 132.

40 梶村秀樹·姜德相 編, 앞의 책, p. 132.

41 梶村秀樹·姜德相 編, 앞의 책, p. 132.

42 禹東秀, 〈1920년대 말-30년대 한국 사회주의자들의 신국가건설론에 관한 연구〉, 《한국사연구》, 72(한국사연구회, 1991), p. 93; 임경석, 앞의 글, p. 217 참조.

43 서중석, 앞의 글, pp. 234-235.

44 이균영, 〈코민테른 제6회대회와 식민지 조선의 민족문제〉, 《역사와 현실》, 7(한국역사연구회, 1992), p. 304.

45 이종석, 〈북한 지도집단과 항일무장투쟁〉, 《해방전후사의 인식 5》(서울: 한길사, 1989), p. 59.

46 임경석, 앞의 글, p. 219.

47 Jane Degras selected & edited, 앞의 책, p. 367.

48 《勞動者新聞》, 1938년 9월 17일.

49 禹東秀, 앞의 글, pp. 118-119.

50 임경석, 앞의 글, pp. 222-223.

51 임경석, 앞의 글, p. 223.

52 김남식 편, 《南勞黨研究資料集 第1輯》(서울: 고려대학교 아세아문제연구소), p. 20.

53 〈为抗日救国告全体同胞书〉, 东北抗日联军史料编写组编, 《东北抗日联军史料 上》(北京: 中共党史资料出版社, 1987), p. 165.

54 신주백, 〈[사실, 이렇게 본다 2] 조국광복회운동〉, 《내일을 여는 역사 (2)》, 2000, p. 93.

55 《김일성저작집 1》(평양: 조선로동당출판사, 1979), p. 127.

56 《朝鮮中央年鑑－1949年版－》(평양: 朝鮮中央通信社, 1949), p. 63.

57 김남식·이정식·한홍구 편, 《한국현대사자료총서》11권(서울: 돌베개, 1986), p. 465.

58 임경석, 앞의 글, pp. 224-225 참조.

59 G.M. 디미트로프 지음, 김대건 편역, 《통일전선연구: 반파시증 통일전선에 대하여》(서울: 거름, 1987), p. 174.

60 이정식·한홍구 엮음, 《항전별곡 －조선독립동맹자료I》(서울: 거름, 1986), p. 37.

61 모택동, 김승일 옮김, 《모택동 선집 ②》(파주: 범우사, 2016), pp. 385-386.

62 모택동, 김승일 옮김, 앞의 책, p. 387.

2부

1 함석헌, 《뜻으로 본 한국역사》(파주: 한길사, 2003), p. 395.

2 李東華, 〈夢陽 呂運亨의 政治活動 下〉, 《創作과 批評》, 1978년 가을(서울: 創作과批評社, 1978), p. 128.

3 《朝鮮人民報》, 1945년 10월 2일.

4 《每日新報》, 1945년 10월 2일.

5 呂運亨, 〈우리나라의 政治的進路〉, 《學兵》, 第一輯(서울: 民衆朝鮮社, 1946), p. 8.

6 심지연 엮음, 《해방정국논쟁사 I》(서울: 도서출판 한울, 1986), p. 71.

7 서중석, 앞의 글, p. 235.

8 〈國民大會準備趣旨書〉, 심지연 엮음, 앞의 책, p. 146.

9 심지연 엮음, 앞의 책, p. 102.

10 허정숙, 앞의 책, p. 264.

11 三均學會,《素昻先生文集 下》(서울: 횃불사, 1979), p. 55.

12 雩南實錄編纂會 編,《雩南實錄: 1945-1948》(서울: 悅話堂, 1976), p. 541.

13 심지연,《朝鮮革命論硏究 -해방정국논쟁사 2》(서울: 실천문학사, 1987), p. 351.

14 윤덕영,〈解放 直後 社會主義陣營의 國家建設運動: 1945년 '朝鮮人民共和國'을 중심으로〉,《學林(Yonsei Historical Journal)》, Vol. 14(연세대학교 사학연구회, 1992), p. 73.

15 《朝鮮人民報》, 1945년 10월 2일;《每日新報》, 1945년 10월 2일.

16 《해방일보》, 1945년 12월 8일.

17 〈民族統一戰線結成에 對하야〉,《人民評論》, 창간호(1946년 3월), pp. 19-24; 심지연,《朝鮮革命論硏究 -해방정국논쟁사 2》, p. 342.

18 윤덕영, 앞의 글, p. 91.

19 기광서,〈소련군의 북한 진주와 '부르주아민주주의' 노선〉,《통일문제연구》, Vol. 20, No. 1(조선대 통일문제연구소, 2005), p. 78.

20 《신편한국사》, 우리역사넷.
http://contents.history.go.kr/mfront/nh/view.do?levelId= nh_052_0050_0020_0020_0020, 2018년 4월 17일 검색.

21 《北韓關係史料集 26》(서울: 국사편찬위원회, 1997), p. 15.

22 〈해방된 조국에서의 당 국가 및 무력 건설에 대하여-군사정치간부들 앞에서 한 연설〉,《김일성저작집 1》, pp. 250-268; 조선로동당 중앙위원회 당력사연구소,《조선로동당력사 1》(평양: 조선로동당출판사, 2017), p. 147.

23 허정숙, 앞의 책, p. 264.

24 조선로동당중앙위원회 당력사연구소,《조선로동당력사교재》(평양: 조선로동당출판사, 1964), p. 131.

25 허정숙, 앞의 책, pp. 264-265.

26 허정숙, 앞의 책, p. 264.

27 《정로》, 1945년 11월 1일.

28 김남식 편, 앞의 책, p. 27.

29 《朝鮮人民報》, 1945년 10월 11일.

30 김광운,《북한 정치사 연구 I: 건당·건국·건군의 역사》(서울: 선인, 2003), p. 150.

31 《정로》, 1945년 12월 5일.

32 《정로》, 1946년 1월 17일.

33 《정로》, 1946년 1월 31일.

34 〈朝鮮革命軍政學校, 學習〈論聯合政府〉〉,《해방일보》, 1945년 7월 26일; 심지연,《朝鮮新民黨研究》(서울: 동녘, 1988), p. 86.

35 崔昌益,〈民主的 民族統一戰線의 歷史性에 對하야 ③〉,《獨立新報》, 1946년 6월 19~21일.

36 《정로》, 1946년 3월 1일.

37 韓載德著,《金日成將軍凱旋記》(평양: 民主朝鮮出版社, 1947), p. 106.

38 陳獨秀,〈怎樣使有錢者出錢有力者出力〉,《宇宙風》, 1937년 11월 21일.

39 白南雲,《朝鮮民族의 進路》(서울: 新建社, 1946), p. 18.

40 白南雲, 앞의 책, p. 9.

41 심지연,《朝鮮革命論研究 -해방정국논쟁사 2》, p. 48.

42 김일성,〈민족대동단결에 대하야〉,《北韓關係史料集 25》, p. 16.

43 스칼라피노·이정식(공저), 앞의 책, p. 457.

44 《北韓關係史料集 1》(서울: 국사편찬위원회, 1989), p. 137, 143, 178.

45 《北韓關係史料集 1》, p. 114.

46 《北韓關係史料集 1》, p. 148.

47 〈朝鮮同胞들에게 告함〉,《北韓關係史料集 42》(서울: 국사편찬위원회, 2004), p. 11.

48 《獨立新報》, 1946년 9월 6일;《週報 民主主義》, 9호(1947년 1월).

49 〈朝鮮人民에게 고함〉, 심지연,《해방정국논쟁사 I》, pp. 134-136.

50 《로동신문》, 1946년 9월 3일.

51 《北韓關係史料集 36》(서울: 국사편찬위원회, 2001), p. 219.

52 《서울신문》, 1946년 6월 4일.

53 심지연,《미·소공동위원회 연구》, p. 84.

54 《새한판프레트 第一輯 臨時政府樹立大綱 - 美蘇共委諮問案答申集》(서울: 새한민보사, 1947), pp. 16-74.

55 金日成,《重要報告集 朝鮮民主主義人民共和國樹立의 길》(평양: 北朝鮮人民

委員會 宣傳部, 1947), p. 227.

56 설의식,《독립전야》(서울: 새한민보사, 1948), p. 104; 임대식, 앞의 글, p. 43.

57 《東亞日報》, 1946년 4월 16일.

58 《朝鮮日報》, 1947년 7월 6일.

59 《노력인민》, 1947년 7월 30일.

60 《東亞日報》, 1946년 7월 24일.

61 기광서, 〈해방 후 소련의 대한반도정책과 스티코프의 활동〉, 《中蘇硏究》, 통권 93호, 2002, p. 188.

62 《노력인민》, 1947년 6월 19일.

63 《노력인민》, 1947년 6월 25일.

64 《노력인민》, 1947년 7월 7일; 심지연,《미·소공동위원회 연구》, pp. 271-272.

65 《해외사료총서 10, 쉬띄꼬프 일기(1946-1948)》(과천: 국사편찬위원회, 2004), 1946년 12월 12일.

66 《朝鮮人民報》, 1946년 4월 26일.

67 〈쏘米共同委員會 共同決議 第5·6號에 대한 解答書〉, 《北韓關係史料集 1》, pp. 220-221.

68 서중석, 앞의 글, pp. 232-233.

69 심지연,《미·소공동위원회 연구》, p. 331.

3부

1 신용옥, 〈우파세력의 단정 입법 시도와 조선임시약헌 제정의 정치적 성격〉, 《한국사학보》,(28), 2007, p. 92.

2 신용옥, 앞의 글, p. 108.

3 신용옥, 앞의 글, p. 109.

4 《경향신문》, 1947년 11월 25일.

5 신용옥, 앞의 글, pp. 114-115.

6 신용옥, 앞의 글, p. 115.

7 이영록, 〈《권승렬안》에 관한 연구〉, 《법과 사회》, Vol. 24, No.-, 2003, p. 135.

8 《玄民 兪鎭午 制憲憲法關係資料集》(서울: 고려대학교출판부, 2009), pp. 141-180.

9   《월간조선》, 2010년 10월.

10 《조선일보》, 1948년 6월 10일.

11 대한민국국회 편, 《제헌국회속기록 I》(서울: 선인문화사, 1989), pp. 369-370.

12 《國會速記錄》, 第1回 第1號(國會事務處, 1948. 5. 31), p. 2.

13 〈국호와 민족적 전통−조선·한·고려 등에 대하여〉, 《서울신문》, 1947년 12월 16일.

14 《경향신문》, 1948년 6월 6일; 《東亞日報》, 1948년 6월 23일.

15 《경향신문》, 1948년 6월 6일.

16 《경향신문》, 1948년 6월 6일.

17 《조선일보》, 1948년 6월 9일.

18 金永上, 〈憲法을 싸고도는 國會風景〉, 《신천지》, 제3권 제6호(서울신문사, 1948년 7월), p. 24.

19 《國會速記錄》, 第1回 第17號(國會事務處, 1948. 6. 23), p. 8.

20 《國會速記錄》, 第1回 第21號(國會事務處, 1948. 6. 30), p. 23.

21 《朝鮮日報》, 1948년 7월 2일.

22 《서울신문》, 1948년 2월 13일.

23 황하빈·강정인, 〈제헌헌법 전문(前文)의 〈대한민국〉은 무엇을 지시하는가: 전문 삽입과정과 당대 정치현실을 중심으로〉, 《한국과 국제정치》, Vol. 33, No. 2(2017), p. 164.

24 《國會速記錄》, 第1回 第21號(國會事務處, 1948. 6. 30), p. 23.

25 최남선 저, 최상진 해제, 《조선의 상식−조선의 한국인, 우리는 누구이며 어떻게 살아왔는가》, 두리미디어, 2007(崔南善, 《朝鮮常識問答》, 1946), p. 25.

26 《國會速記錄》, 第1回 第21號(國會事務處, 1948. 6. 30), p. 23.

27 허열, 〈건국과정에서의 국호논쟁에 대한 분석〉, 《韓國民族文化 24》, 2004, p. 349.

28 《國會速記錄》, 第1回 第22號(國會事務處, 1948. 7. 1), p. 8.

29 金永上, 앞의 글, p. 29.

30 《國會速記錄》, 第1回 第22號(國會事務處, 1948. 7. 1), pp. 28-29.

31 《國會速記錄》, 第1回 第22號, p. 32.

32 Hugh Seton-Watson, *The East European Revolution* (New York, NY:

Frederick A. Praeger, 1951), p. 167.

33 A. Ross Johnson, *The Transformation of Communist Ideology: The Yugoslav Case, 1945-1953* (Massachusetts: The MIT Press, 1973), p. 11.

34 안드레이 란코프, 《(소련의 자료로 본) 북한 현대정치사》(서울: 오름, 1995), p. 97; 김국후, 《비록: 평양의 소련군정-기록과 증언으로 본 북한정권 탄생비화》(파주: 한울아카데미, 2008), p. 236.

35 《北韓最高人民會議資料集, 1: 1期1次會議~1期13次會議》(서울: 國土統一院, 1988), p. 27.

36 안드레이 란코프, 앞의 책, p. 97.

37 김국후, 앞의 책, p. 236.

38 안드레이 란코프 엮음, 전현수 옮김, 《소련공산당과 북한 문제 소련공산당 정치국 결정서(1945~1952)》(대구: 경북대학교출판부, 2014), p. 269.

39 장하일, 〈신민주주의와 조선〉, 《근로자》, 10호(1947년 년말), pp. 24-35; 레온 디에브, 〈신민주주의의 사회적-경제적 기초에 관하여〉, 앞의 책, pp. 84-108.

40 안드레이 란코프 엮음, 앞의 책, p. 262.

41 《北韓關係史料集 8》(서울: 국사편찬위원회, 1989), p. 229.

42 《노력인민》, 1948년 3월 8일.

43 《北韓關係史料集 8》, p. 256.

44 《北韓關係史料集 8》, pp. 219-340.

45 《北韓關係史料集 8》, pp. 229-234.

46 《北韓關係史料集 8》, pp. 234-235.

47 《北韓關係史料集 8》, p. 292.

48 김택영, 〈조선민주주의인민공화국헌법의 근본원칙〉, 《인민》, 제3권 제7호 (1948), p. 27.

49 《北韓關係史料集 8》, p. 262.

50 《北韓關係史料集 8》, p. 262.

51 허정숙, 앞의 책, p. 263.

52 《北韓關係史料集 8》, pp. 342-362.

53 《北韓關係史料集 8》, p. 359.

54 《北韓關係史料集 8》, p. 404.

55 이상 북한 헌법의 제정 경과에 대해서는《北韓關係史料集 8》;《北韓最高人民會議資料集 1: 1期1次會議~1期13次會議》;《(解放後 4年間의) 國內外重要日誌 : 1945,8~1949,3》(평양: 민주조선사, 1949); 사회과학원력사연구소,《조선전사 35, 년표2》(평양: 과학백과사전종합출판사, 1991) 등 참조.

56 허정숙, 앞의 책, p. 267.

57 김일성,《김일성저작집 5》(조선로동당출판사, 1980), p. 122.

58 《北韓關係史料集 8》, p. 29.

59 서동만,《북조선사회주의체제성립사 1945-1961》(서울: 선인, 2005), pp. 209-210.

60 《朝鮮勞動黨大會資料集(第 I 輯)》, pp. 137-138.

61 서동만, 앞의 책, p. 212.

62 《김일성저작선집 1》, p. 65.

63 《노력인민》, 1948년 1월 15일.

64 Andrei Zhdanov, *Report on the International Situation to the Cominform*: *September 22, 1947*, http://www.csun.edu/~twd61312/342%202014/Zhdanov.pdf, 2018년 5월 15일 검색.

65 안드레이 란코프, 앞의 책, p. 62, 269.

66 김명섭, 앞의 글, p. 113.

67 『고종실록』39권, 고종 36년(1899) 8월 17일.

68 〈毛泽东曾欲沿用〈中华民国〉国号 被谁劝告后未再做声〉, 凤凰网, 2015년 12월 25일. http://news.ifeng.com/a/20141017/42231008_0.shtml

69 瞿建湘, 앞의 글, p. 35.

70 김명섭, 앞의 글, p. 129.

71 이선민,《'대한민국' 국호의 탄생》(서울: 나남, 2013), p. 46.

72 허정숙, 앞의 책, p. 262.

73 K. 마르크스·F. 엥겔스 지음, 김재기 편역,《마르크스·엥겔스 저작선》(서울: 거름, 1988), p. 25.

74 제프 일리 지음, 유강은 옮김,《The left 1848~2000: 미완의 기획, 유럽 좌파의 역사》(서울: 뿌리와 이파리, 2008), p. 84.

75 V.I. 레닌, 남상일 옮김,《제국주의, 자본주의의 최고단계》(서울: 백산서당,

1986), p. 39.

76 편집부 편역, 앞의 책, p. 345.

77 이병호, 〈'중화인민공화국' 국호國號 작명 과정 고찰-특히 연방제 채택 문제와 관련해〉, 《東北亞歷史論叢》. Vol. -, No. 45, 2014, p. 268.

78 胡阿祥, 〈"中华人民共和国"国号的确立过程〉, 《唯实》, 2013年 第8期, p. 84.

79 이병호, 앞의 글, p. 272.

80 陳揚勇, 《共同纲领》与民族区域自治制度的確立: 兼談新中国民族区域自治政策的形成〉, 《中共党史研究》, 第8期(2009), p. 17.

81 瞿建湘, 앞의 글, p. 34.

82 胡阿祥, 앞의 글, p. 84.

83 이병호, 앞의 글, p. 273.

84 薄一波, 《七十年奋斗与思考(上卷)》(北京: 中共党史出版社, 1996), p. 522.

85 〈존엄높은 국호-조선민주주의인민공화국," 《로동신문》, 2008년 9월 4일.

86 《로동신문》, 2008년 9월 4일.

참고문헌

1. 국내문헌

가. 단행본

극동문제연구소.《北韓全書》. 서울: 극동문제연구소. 1974.

김광운.《북한 정치사 연구 I: 건당·건국·건군의 역사》. 서울: 선인, 2003.

김국후.《비록: 평양의 소련군정-기록과 증언으로 본 북한정권 탄생비화》. 서울: 한울아카데미, 2008.

김남식 편.《南勞黨研究資料集 第1輯》. 고려대학교출판부, 1974.

김남식.《朝鮮勞動黨研究》. 調査研究室 政治外交研究官, 1976.

_____.《남로당연구 I》. 서울: 돌베개, 1984.

김성보 지음. 역사문제연구소 기획.《북한의 역사 1 – 건국과 인민민주주의 경험 1945~1960》. 서울: 역사비평사, 2014.

김성보·기광서·이신철.《사진과 그림으로 보는 북한 현대사》. 서울: 역사비평사, 2014.

김성보·이종석.《북한의 역사》. 1·2. 서울: 역사비평사, 2011.

김영중 편.《레베데프 비망록(e북)》. 서울: 교보문고, 2016.

김용석.《식민지반봉건 사회론 연구》. 서울: 아침, 1986.

김준엽 외 편.《北韓〉研究資料集 第1輯》. 서울: 고려대학교 출판부, 1969.

독립운동사편찬위원회.《독립운동사》. 서울: 원호처, 1969.

《러시아연방국방성중앙문서보관소 소련군정문서, 남조선정세보고서 1946~1947》. 과천: 국사편찬위원회, 2003.

모택동. 김승일 옮김.《모택동 선집 ②》. 파주: 범우사, 2016.

民主主義民族戰線 편.《朝鮮解放年報》. 1946년판. 서울: 文友印書館, 1946.

민주주의민족전선 편집.《해방조선 I: 자주적 통일민족국가 수립》. 서울: 과학과 사상, 1988.

박명규.《국민·인민·시민−개념사로 본 한국의 정치주체》. 서울: 소화, 2009.

박태균(기획). 유지아·정병준·김태우·홍석률 지음.《쟁점한국사: 현대편》. 파주: 창비, 2017.

方仁厚.《북한 조선로동당의 형성과 발전》. 서울: 高大亞細亞問題硏究所, 1970.

박찬승.《대한민국은 민주공화국이다》. 파주: 돌베개, 2013.

白南雲.《朝鮮民族의 進路》. 서울: 新建社, 1946.

백학순.《북한 권력의 역사》. 서울: 한울아카데미, 2011.

브루스 커밍스. 김자동 역.《한국전쟁의 기원》. 서울: 일월서각, 1986(Cumings, Bruce. *The Origin of the Korean War 1*).

三均學會.《素昻先生文集》. 上·下. 서울: 횃불사, 1979.

서대숙·이완범 공편.《김일성 연구자료집 1945~1948 문건》. 서울: 경남대학교 출판부, 2001.

서동만.《북조선사회주의체제성립사 1945~1961》. 서울: 선인, 2005.

서중석.《한국현대민족운동연구 : 해방후 민족국가건설운동과 통일전선》. 서울 : 역사비평사, 1991.

_____.《한국현대민족운동연구 2: 1948~1950 민주주의·민족주의 그리고 반공주의》. 서울: 역사비평사, 2002.

설의식.《독립전야》. 서울: 새한민보사, 1948.

션즈화. 김동길 역.《조선전쟁의 재탐구》. 서울: 선인, 2014(沈志华.《朝鮮战争再探究》).

_____. 김동길·김민철·김규범 옮김.《최후의 천조−모택동·김일성 시대의 중국과 북한》. 서울: 선인, 2017(沈志华.《最后的天朝》).

소치형 외.《북한의 이해》. 서울: 건국대학교출판부, 2002.

宋南憲.《解放 三年史 : 1945~1948》. 1~2. 서울: 까치, 1985.

송건호 외.《해방전후사의 인식 세트(전6권)》. 파주: 한길사, 2007.

스칼라피노·이정식(공저). 한홍구(역).《한국공산주의운동사(2)》. 서울: 돌베개.

1986.

柴田政義. 손학모 옮김. 《동구정치경제사: 동구 인민민주주의의 형성》. 서울: 인간
　　사랑, 1990(柴田政義. 《東歐政治經濟史》).

신복룡·김원덕 편역. 《한국분단보고서》. 상·하. 서울: 풀빛, 1992.

심지연 엮음. 《해방정국논쟁사 I》. 서울: 도서출판 한울, 1986.

심지연. 《朝鮮革命論研究 −해방정국논쟁사 2》. 서울: 실천문학사, 1987.

_____. 《朝鮮新民黨研究》. 서울: 동녘, 1988.

_____. 《미·소공동위원회 연구》. 서울: 청계연구소, 1989.

안드레이 란코프 엮음. 전현수 옮김. 《소련공산당과 북한 문제 소련공산당 정치국
　　결정서(1945~1952)》. 대구: 경북대학교출판부, 2014.

안드레이 란코프 저. 김광린 역. 《(소련의 자료로 본) 북한 현대정치사》. 서울: 도
　　서출판 오름, 1995.

양호민 역. 《세계공산주의의 역사》. 서울: 대문출판사, 1979.

안문석. 《북한현대사산책(전5권)》. 서울: 인물과사상사, 2016.

呂運弘. 《夢陽 呂運亨》. 서울: 靑廈閣, 1967.

연세대 대학원 북한현대사연구회 編. 《북한현대사 1: 연구와 자료》. 서울: 공동체,
　　1989.

와다 하루끼. 남기정 옮김. 《와다 하루끼의 북한 현대사》. 파주: 창비, 2014(和田
　　春樹. 《北朝鮮現代史》).

雩南實錄編纂會 編. 《雩南實錄, 1945~1948》. 서울: 悅話堂, 1976.

兪鎭午. 《憲法起草回顧錄》. 서울: 一潮閣, 1980.

이선민. 《'대한민국' 국호의 탄생》. 서울: 나남, 2013.

이정식·한홍구 엮음. 《항전별곡 −조선독립동맹자료I》. 서울: 거름, 1986.

李革. 《愛國삐라全集 第1輯》. 서울: 祖國文化社, 1946.

임영태. 《식민지시대 한국사회와 운동》. 서울: 사계절, 1985.

정시원. 《식민지 반봉건 사회론》. 서울: 미래사, 1986.

제프 일리 지음. 유강은 옮김. 《The left 1848~2000 : 미완의 기획, 유럽 좌파의
　　역사》. 서울: 뿌리와 이파리, 2008(Elry, Geoff. *Forging Democracy*, 2002).

최남선 저. 최상진 해제. 《조선의 상식−조선의 한국인, 우리는 누구이며 어떻게

살아왔는가》. 서울: 두리미디어, 2007(崔南善.《朝鮮常識問答》, 1946).

편집부 편역.《코민테른과 통일전선 -코민테른 주요문건집-》. 서울: 도서출판 白
衣, 1988.

한국역사연구회.《북한의 역사 만들기》. 서울: 푸른역사, 2006.

한국정신문화연구원 편.《북한현대사 문헌연구》. 서울: 백산서당, 2001.

함석헌.《뜻으로 본 한국역사》. 서울: 한길사, 2003.

《玄民 兪鎭午 制憲憲法關係資料集》. 서울: 고려대학교출판부, 2009.

G.M.디미트로프 지음. 김대건 편역.《통일전선연구:반파시즘 통일전선에 대하여》.
서울: 거름, 1987.

K.마르크스·F.엥겔스 지음. 김재기 편역.《마르크스·엥겔스 저작선》. 서울: 거름,
1988.

V.I. 레닌. 남상일 옮김.《제국주의, 자본주의의 최고단계》. 서울: 백산서당, 1986(Л
е́нин, В. И. Империализм, как высшая стадия капитализма, 1917).

나. 논문

구대열. 〈해방정국 열강들의 한반도 정책〉.《현대사광장》. 대한민국역사박물관,
2014, pp. 10-27.

권희영. 〈코민테른의 민족-식민지논쟁과 한국의 민족해방운동〉.《역사비평》. 1988
년 12월, pp. 186-193.

기광서. 〈러시아 문서보관소 사료로 본 소련의 대 북한 정책, 1945~47년〉.《역사
문화연구》. 제23집, 2005, pp. 22-33.

_____. 〈소련군의 북한 진주와 '부르주아민주주의' 노선〉.《통일문제연구》. Vol.
20, No. 1. 조선대 통일문제연구소, 2005, pp. 67-83.

김경준. 〈북조선로동당 창립대회 개관〉.《북한학보》. 제22집, 1997, pp. 29-68.

김광재. 〈대한민국임시정부헌법과 그 계승-대한민국임시정부헌법과 1948년 제
헌헌법의 연속성〉. 고려대학교 대학원 법학과 석사, 2017.

김두형金頭衡. 〈北韓의 人民民主主義革命 戰略〉.《敎育論叢》. Vol. 2, No. 6,
1986, pp. 147-183.

김명섭. 〈조선과 한국: 두 지정학적 관념의 연속과 분화〉. 연세대-서울대 협력연구

프로젝트 '통일의 신지정학', 2015, pp. 111-136.

김재웅. 〈북한의 인민국가 건설과 계급구조 재편(1945~1950)〉. 고려대학교 대학원 한국사학과 박사, 2014.

김혜수. 〈해방후 통일국가수립운동과 국가상징의 제정과정 -國號·國旗·國歌·國慶日 제정을 중심으로-〉. 《國史館論叢》. 第75輯. 국사편찬위원회, 1997, pp. 95-126.

노영돈. 〈국호 대한민국의 재음미-한민족 정통성 계승한 대한민국 국호로 통일돼야〉. 《北韓》. Vol. -, No. 371, 2002, pp. 149-159.

도희근. 〈소비에트제도의 성립과 변천에 관한 헌법이론적 연구〉. 《울산대학교 사회과학 논집》. 제3권 1호, 1993, pp. 1-22.

류길재. 〈北韓의 國家建設과 人民委員會의 役割〉. 고려대학교 대학원 정치외교학과 박사, 1995.

박명림. 〈남한과 북한의 헌법제정과 국가정체성 연구 -국가 및 헌법 특성의 비교적 관계적 해석〉. 《국제정치논총》. 49(4). 한국국제정치학회, 2009, pp. 235-263.

박선영. 〈조선민주주의인민공화국 헌법의 제정과 개정 과정을 통해 본 북한헌법에 관한 연구〉. 《공법학연구》. 16(4). 한국비교공법학회, 2015, pp. 27-67.

서중석. 〈해방후 주요정치 세력의 국가건설방안〉. 《大東文化硏究》. Vol. 27, No, -. 성균관대학교 대동문화연구원, 1992, pp. 227-245.

서희경. 〈시민사회의 헌법 구상과 건국헌법에의 영향(1946~1947): 해방후 시민사회헌법안·미소공위답신안 제정을 중심으로〉. 《한국동양정치사상사연구》. 6(2), 2007, pp. 27-54.

_____. 〈남한과 북한 헌법 제정의 비교 연구(1947~1948)〉. 《한국정치학회보》. 41(2), 2007, pp. 47-75.

송민. 〈'합중국'과 '공화국'〉. 《새국어생활》. 제11권 제3호(2001년 가을), pp. 95-101.

신주백. 〈[사실, 이렇게 본다 2] 조국광복회운동〉. 《내일을 여는 역사 (2)》, 2000, pp. 86-96.

신현욱. 〈남북 국가상징 및 민족문화상징 통합에 관한 연구〉. 중앙대학교 예술대학원 예술경영학과 예술경영전공 석사, 2005.

안드레이 란코프, 〈1945~1948년의 북한: 해방으로부터 조선민주주의인민공화국의 창건까지〉, 《한국과 국제정치(Korea and World Politics)》. Vol. 10, No. 1. 경남대학교 극동문제연구소, 1994, pp. 141-173.

禹東秀, 〈1920년대 말-30년대 한국 사회주의자들의 신국가건설론에 관한 연구〉. 《한국사연구》, 72. 한국사연구회, 1991, pp. 81-121.

윤덕영, 〈解放 直後 社會主義陣營의 國家建設運動: 1945년 '朝鮮人民共和國'을 중심으로〉, 《學林(Yonsei Historical Journal)》. Vol. 14. 연세대학교 사학연구회, 1992, pp. 65-112.

이균영, 〈코민테른 제6회대회와 식민지 조선의 민족문제〉, 《역사와 현실》, 7. 한국역사연구회, 1992, pp. 293-339.

李東華, 〈夢陽 呂運亨의 政治活動 下〉, 《創作과 批評》. 1978년 가을. 서울: 創作과批評社, 1978, pp. 120-142.

이병호, 〈'중화인민공화국' 국호國號 작명 과정 고찰-특히 연방제 채택 문제와 관련해〉, 《東北亞歷史論叢》. Vol. -, No. 45, 2014, pp. 259-290.

이완범, 〈해방 직후 공산주의자들의 혁명단계론〉, 《정신문화연구》. Vol. 31, No. 3, 2008, pp. 5-40.

이종석, 〈북조선공산당과 조선신민당의 북조선로동당으로의 '합동'에 관한 연구〉. 《國史館論叢》. 第54輯. 국사편찬위원회, 1994, pp. 206-236.

임경석, 〈일제하 공산주의자들의 국가건설론〉, 《大東文化硏究》. Vol. 27, No.-. 성균관대학교 대동문화연구원, 1992, pp. 205-226.

임대식, 〈특별기획 통일조국의 이름짓기 일제시기·해방후 나라이름에 반영된 좌우갈등 -右'대한'·左'조선'과 南'대한'·北'조선'의 대립과 통일-〉, 《역사비평》. 1993년 5월, pp. 35-50.

정병준, 〈해방 직후 각 정파의 정부수립 구상과 그 특징: 제2차 미소공위 답신안 분석을 중심으로〉, 《통일문제연구》. 1998년 하반기호(통권 제30호), pp. 10-38.

조동걸, 〈임시정부 수립을 위한 1917년의 대동단결선언〉, 《한국학논총》 제9집. 국민대학교 한국학연구소, 1987, pp. 123-170.

조재현, 〈1948년 북한제정헌법의 초안에 관한 연구〉, 《서울법학》. 22. 서울시립대학교 법학연구소, 2014, pp. 741-779.

존할리데이. 〈조선민주주의인민공화국 : 민주주의인가, 공화국인가?〉《한국과 국제정치》. Vol. 5, No. 2, 1989, pp. 256-258.

최영택. 〈소련民族自治制度의 운영실태와문제점〉.《北韓》. 1989년 3월호, pp. 130-142.

편집부. 〈자료 발굴 조선공산당선언〉.《역사비평》. 1992년 11월, pp. 349-361.

한승연·신충식. 〈해방공간의 '국가' 개념사 연구〉.《정치사상연구》. 17(2). 한국정치사상사학회, 2011, pp. 36-73.

한홍구. 〈조선독립동맹의 활동과 조직에 대하여〉.《국사관논총》. 제23집, pp. 235-272.

허열. 〈건국과정에서의 국호논쟁에 대한 분석〉.《韓國民族文化 24》, 2004, pp. 349-377.

허완중. 〈한국 헌법체계에 비춘 헌법 제3조의 해석〉.《저스티스》. Vol. -, No. 154, 2016, pp. 5-57.

_____. 〈헌법 일부인 국호 '대한민국'〉.《인권과정의》. Vol. 467, 2017, pp. 35-53.

황태연. 〈'대한민국' 국호의 기원과 의미〉.《정치사상연구》. Vol. 21, No. 1. 한국정치사상학회, 2015, pp. 35-87.

황하빈·강정인. 〈제헌헌법 전문前文의 〈대한민국〉은 무엇을 지시하는가: 전문 삽입과정과 당대 정치현실을 중심으로〉.《한국과 국제정치》. Vol. 33, No. 2, 2017, pp. 137-169.

다. 기타

《고종실록》.《영조실록》.《승정원일기》.

《국회회의록》. 제1대 제1회 제1차-제22차 본회의(1948. 5. 30.~7. 1).

《勞動者新聞》. 1938년 9월 17일.

《노력인민》. 1947년 6월 19일~1948년 3월 8일.

《大韓民國臨時議政院紀事錄 : 自第1回集 至第6回集 合編》. 대한민국2년, 1949.

《獨立新報》. 1946년 6월 19일~9월 6일.

《東亞日報》. 1946년 4월 16일, 1948년 6월 23일.

《每日新報》. 1945년 10월 2일.

《새한판프레트 第一輯 臨時政府樹立大綱－美蘇共委諮問案答申集》. 서울: 새한
　　민보사, 1947.

《서울신문》. 1947년 12월 16일.

《신천지》. 제3권 제6호. 서울: 서울신문사, 1948년 7월.

《新韓民報》. 1910년 7월 6일, 10월 5일.

《人民評論》. 창간호, 1946년 3월.

《朝鮮人民報》. 1945년 10월 2~11일, 1946년 4월 26일.

《朝鮮日報》. 1947년 7월 6일, 1948년 7월 2일.

《조선 정치 현황 관련 문서: 1946~1947년》. 서울: 국사편찬위원회, 2004.

《週報 民主主義》. 9호, 1947년 1월.

《學兵》. 第一輯. 서울: 民衆朝鮮社, 1946.

《해방일보》. 1945년 7월 26일 ~ 12월 8일.

《해외사료총서 10, 쉬띄꼬프 일기(1946~1948)》. 서울: 국사편찬위원회, 2004.

2. 북한문헌

가. 김일성·김정일 문헌

金日成將軍 述. 《民族大同團結에 對하야》. 청진: 조선공산당 청진시위원회, 1946.

金日成. 《重要報告集 朝鮮民主主義人民共和國樹立의 길》. 평양: 北朝鮮人民委
　　員會 宣傳部, 1947.

_____. 《祖國의 統一獨立과 民主化를 爲하여 1》. 평양: 國立人文出版社, 1949.

김일성. 《민주주의인민공화국 수립을위하여－김일성장군 중요논문집》. 평양: 북
　　조선로동당출판사, 1948.

_____. 《김일성선집 1》. 평양: 조선로동당출판사, 1960(번각·발행 학우서방,
　　1963).

_____. 《김일성저작선집 1》. 평양: 조선로동당출판사, 1967.

_____. 《김일성저작집 1》. 평양: 조선로동당출판사, 1979.

_____. 《김일성저작집 5》. 평양: 조선로동당출판사, 1980.

_____.《김일성전집 1》. 평양: 조선로동당출판사, 1995.

_____.《김일성전집 2》. 평양: 조선로동당출판사, 1992.

나. 단행본

김동수.《조선민주주의인민공화국 안내》. 평양: 과학백과사전종합출판사, 1989.

김택영.《조선민주주의 인민공화국 헌법의 근본원칙》. 평양: 민주조선사, 1948.

_____.《조선민주주의 인민공화국 최고 주권기관과 국가중앙집행기관》. 평양: 민
　　주조선사, 1949.

사회과학원력사연구소.《력사사전 II 스-궤》. 평양: 사회과학출판사, 1971.

_____.《조선전사》. 16~35. 평양: 과학백과사전종합출판사, 1981~1991.

손영종 · 박영해 · 리영환. 《조선통사》. 상 · 중 · 하. 평양: 사회과학출판사,
　　2010~2016.

조선로동당중앙위원회 당력사연구소.《조선로동당력사교재》. 평양: 조선로동당
　　출판사, 1964.

_____.《조선로동당략사》. 평양: 조선로동당출판사, 1979.

_____.《조선로동당력사 1》. 평양: 조선로동당출판사, 2017.

조선민주주의인민공화국철학연구소,《인민민주주의혁명의 전략전술》. 서울: 온누
　　리, 1989.

韓載德著.《金日成將軍凱旋記》. 평양: 民主朝鮮出版社, 1947.

허정숙.《민주건국의 나날에》. 평양: 조선로동당출판사, 1986.

다. 논문

김주현. 〈북조선로동당의 탄생〉.《근로자》. 창간호(1946. 10), pp. 35-47.

김창만. 〈이론과 실천〉.《근로자》. 1947. 12, pp. 8-23.

김택영. 〈조선민주주의인민공화국헌법의 근본원칙〉.《인민》. 제3권 제7호, 1948,
　　pp. 23-66. 레온디에브. 〈신민주주의의 사회적-경제적 기초에 관하여〉.《근로
　　자》. 10호(1947년 년말), pp. 84-108.

장하일. 〈신민주주의와 조선〉.《근로자》. 10호(1947년 년말), pp. 24-35.

崔昌益. 〈民主的 民族統一戰線의 歷史性에 對하야〉.《獨立新報》. 1946년 6월

19~22일.

라. 기타

《로동신문》. 1946년 9월 3~12일, 2008년 9월 4일.

《北韓關係史料集》. 1~80. 서울: 국사편찬위원회, 1989~2016.

《北韓最高人民會議資料集, 1 : 1期1次會議~1期13次會議》. 서울: 國土統一院, 1988.

《정로》. 1945년 11월 1일~1946년 5월 19일.

《朝鮮勞動黨大會資料集(第 I 輯)》. 서울: 國土統一院, 1988.

《朝鮮中央年鑑-1949年版-》. 평양: 朝鮮中央通信社, 1949.

편집부 엮음.《북한 '조선로동당대회'주요자료집》. 서울: 돌베개, 1988.

《(解放後 4年間의) 國內外重要日誌 : 1945.8~1949.3》. 평양: 민주조선사, 1949.

《(解放後 3年間의) 國內外重要日誌 : 1945.8~1948.9》. 평양: 민주조선사, 1948.

《해방후 10년일지 : 1945~1955》. 평양 : 조선중앙통신사, 1955(추정).

3. 외국문헌

Degras, Jane selected & edited. *The Communist International Documents 1919-1943 Volume I 1919-1922*. London: The Royal Institute of International Affairs, 1955.

Johnson, A. Ross. *The Transformation of Communist Ideology: The Yugoslav Case, 1945-1953*. Massachusetts : The MIT Press, 1973.

Seton-Watson, Hugh. *The East European Revolution*. New York, NY : Frederick A. Praeger, 1951.

Suh, Dae-sook. *The Korean Communist Movement, 1918-1948*. Princeton, 1967.

瞿建湘.〈中华人民共和国国号的来历〉.《老年人》. 2004年 第10期, pp. 34-35.

东北抗日联军史料編写組編.《东北抗日联军史料 上》. 北京: 中共党史资料出版社,

1987.

東北抗日聯軍史料編寫組編.《東北抗日聯軍史料 上》. 北京: 中共黨史資料出版社, 1987.

薄一波.《七十年奮鬥與思考》上卷. 北京: 中共黨史出版社, 1996.

胡阿祥.〈中华人民共和国〉国号的确立过程〉.《唯实》. 2013年 第8期, pp. 82-85.

梶村秀樹·姜德相 編.《現代史資料 (29) 朝鮮五 共産主義運動一》. 東京: みすず書房, 1972.

朝鮮産業勞動調査所編.《옳은 路線》. 東京: 民衆新聞社, 1946.

村田陽一 編譯.《コミンテル資料集》. 東京. 大月書店, 1978~1983.

萩原 遼 編集·解說.《(米國.國立公文書館所藏) 北朝鮮の極秘文書 (1945年 8月 ~1951年 6月) : 朝鮮戰爭を準備する北朝鮮》. 大阪: 夏の書房, 1996.

* 이 책은 필자의 북한대학원대학교 석사학위 논문《조선민주주의인민공화국 국호의 기원과 제정 과정 연구》(2018)를 저본으로 삼고 대한민국 국호에 관한 내용을 추가해 새롭게 구성, 집필했다.

남북한 통합 연표(1897~1948)

1897년	10월 12일	고종, 국호를 조선에서 대한으로 바꾸고 황제에 등극했다. 대한은 '삼한을 하나로 합친 큰 나라'라는 뜻이다.
1910년	8월 29일	경술국치. 일제, '한국'의 칭호를 고쳐 '조선'이라 불렀다.
1917년	7월	신채호, 박은식 등 중국 상하이에서 〈대동단결선언〉 발표하고 "구한국 최종의 1일(1910년 8월 29일)은 즉 신한국 최초의 1일"이라고 선언했다.
1918년	5월 11일	이동휘, 김알렉산드라 등 연해주에서 한국 역사상 최초의 사회주의 정당인 한인사회당을 창설했다. 이는 사회주의자들도 초기에는 '한(韓)'이라는 칭호를 사용했음을 알려준다.
1919년	3월 17일	이동휘, 문창범, 안창호 등 연해주에서 최초의 임시정부적 기관인 대한국민의회를 결성했다.
	4월 11일	중국 상하이에서 대한민국임시정부가 수립되었다.
	9월 11일	각지의 임시정부를 통합한 상하이 대한민국임시정부가 출범했다.
1920년	7월 19일~8월 7일	러시아 모스크바에서 열린 코민테른 제2차 대회에서 〈민족·식민지 문제에 대한 테제〉를 발표하고 식민지 사회주의자들이 민족부르주아지와 협력할 것을 촉구했다.
1923년	1월 3일~5월 15일	외교론과 무장투쟁론의 대립으로 불거진 대한민국임시정부의 분열을 막기 위해 국민대표회의가 열렸으나 의견 통일을 보지 못했다.

1923년	6월 2일	대한민국임시정부에서 탈퇴한 창조파, 블라디보스토크에서 새 정부 수립을 결의했다. 국호는 한(韓), 연호는 기원(紀元). 1924년 2월, 소련 정부의 퇴거 요구로 상하이로 돌아가 해산한다.
1924년	4월 16일	서울에서 전국적인 노동자·농민운동 조직인 조선노농총동맹이 출범했다.
1925년	4월 17일	서울 아서원(雅敍園)에서 조선공산당이 창립되었다. '조선민주공화국', '혁명적 인민공화국' 등의 수립을 추구한다.
1927년	1월 19일	국내 민족통일전선 조직인 신간회의 발기대회가 열렸다. 본래 '신한회(新韓會)'로 이름 지었으나 '한(韓)'에 대한 일제의 거부를 의식해 개칭(改稱)했다.
1928년	7월 17일 ~9월 1일	코민테른 제6차 대회에서 민족부르주아지의 고립을 촉구하는 좌경화 노선이 채택되었다.
1935년	7월 5일	중국 난징에서 민족통일전선 조직인 민족혁명당이 결성되었다. 좌우 양 진영의 입장을 고려해 중국 관민을 상대로는 '한국민족혁명당'으로, 국내 민중을 상대로는 '조선민족혁명당'으로 불렀다.
	7~8월	코민테른 제7차 대회에서 제6차 대회의 좌경화 노선을 뒤집고 파시즘과 제국주의에 대항하는 광범위한 '인민전선'의 결성을 촉구했다.
1936년	5, 6월	만주와 국내를 연결하는 민족통일전선 조직인 재만한인조국광복회(북한에서는 '조국광복회')가 결성되었다. 강령에서 '독립적 인민정부'의 수립을 내걸었다.
1937년	6월 4일	김일성 부대가 조국광복회 국내 조직의 지원을 받아 보천보(현 양강도 보천군 보천읍)로 진공해 일제 지배 기관을 공격했다(보천보 전투).

1940년	10월 23일	김일성 부대가 일제의 소탕작전을 피해 국경을 넘어 소련으로 들어감으로써 만주에서 항일유격대 활동을 끝냈다.
1942년	4월	대한민국임시정부 국무회의가 김원봉의 조선의용대를 임시정부 휘하의 광복군에 편입하기로 결의했다.
	7월 14일	김두봉, 최창익 등 중국공산당 근거지인 화북에서 조선독립동맹을 결성하고 '조선민주공화국' 건설을 목표로 내걸었다.
1945년	4월	조선독립동맹에 영향을 미친 마오쩌둥의 《신민주주의론》이 간행되었다.
	8월 15일	여운형을 위원장으로 하는 건국준비위원회(건준)가 출범했다. "북위 38선을 경계로 미소 쌍방이 일본군으로부터 항복을 받는다."라는 내용이 포함된 연합군 일반명령 1호가 영·중·소에 통보되었다.
	8월 20일	박헌영이 "현정세와 우리의 임무"(8월 테제)를 발표하고 '부르주아민주주의혁명 단계'를 선포했다.
	8월 21일	소련군이 원산항에 상륙했다.
	8월 31일	이날까지 전국에 145개 건준 지부(인민위원회)가 결성되었다.
	9월 6일	정부 수립을 위한 전국인민대표자회의가 열려 조선인민공화국의 수립이 선포되었다.
	9월 8일	미군이 남한에 진주했다.
	9월 9일	미군정이 선포되었다.
	9월 11일	1928년에 해체되었던 조선공산당(책임비서 박헌영)이 재건되었다.
	9월 14일	조선인민공화국이 정강시정방침 27개항을 발표했다.

1945년	9월 16일	한국민주당(한민당)이 창당되었다.
	9월 19일	소련군 휘하 제88독립 보병여단으로 재편성되었던 김일성 일행이 원산항으로 귀국했다.
	9월 20일	"북조선에 부르주아민주주의 권력 수립을 방조"라는 스탈린의 '훈령'이 북한 주둔 소련군에게 하달되었다.
	10월 10일	아널드 미군정장관이 조선인민공화국을 부인(否認)하는 성명을 발표했다.
	10월 10~13일	평양에서 조선공산당 북부조선 책임자와 열성자대회가 열려 조선공산당 북조선분국 설치를 결정했다.
	10월 16일	이승만이 귀국해 조선인민공화국에 맞서 대한민국 국호를 지지하는 기자회견을 했다.
	10월 24일	박헌영에 반대하는 장안파 조선공산당과 한민당, 국민당이 3당 공동성명을 발표해 대한민국임시정부에 대한 절대적 지지를 표명했다.
	10월 25일	이승만을 중심으로 하는 독립촉성중앙협의회(독촉)의 결성이 발표되었다.
	10월 27일	미군정이 조선인민공화국의 '국(國)'자를 삭제하라고 요구했다.
	11월 3일	북한의 조선민주당(위원장 조만식)이 당대표대회를 열고 민주주의공화국 수립을 내걸었다.
	11월 19일	북한 지역의 행정 조직인 북조선5도행정국이 출범했다.
	11월 20~25일	제1회 전국인민위원회대표자대회가 열렸다. 확대집행위원회에서 미군정의 조선인민공화국 해체 요구를 거부했다.

1945년	11월 23일	김구 등 대한민국임시정부 요인들이 개인 자격으로 귀국했다.
	12월 13일	김두봉, 허가이, 무정 등 조선독립동맹 지도부가 소련군의 요구에 따라 비무장으로 귀국했다.
	12월 16~26일	모스크바 삼상회의가 열려 미소공동위원회에서 한국인의 임시정부 수립과 함께 4대국의 신탁통치 실시 문제를 협의키로 함에 따라 정국에 큰 파장이 일어났다.
	12월 28일	조선인민공화국, 인민공화국과 임시정부의 동시 해소를 주장했다.
1946년	1월 2일	조선공산당이 모스크바 삼상회의의 결정에 대한 지지를 표명했다.
	2월 8일	북한 지역의 정권 기관인 북조선임시인민위원회(위원장 김일성)가 수립되었다.
	2월 14일	미군정의 자문기구인 남조선대한국민대표민주의원(의장 이승만, 부의장 김구 김규식)이 구성되었다.
	2월 15일	좌익 계열 정당·사회단체의 총집결체인 민주주의민족전선(민전)이 결성되었다.
	2월 16일	조선독립동맹 계열이 조선신민당을 창립하고 '조선민주공화국'의 건립을 내걸었다.
	3월 5일	북조선임시인민위원회가 '무상몰수 무상분배'를 내건 토지개혁을 실시했다.
	3월 20일	제1차 미소공동위원회가 서울 덕수궁에서 열렸다.
	4월 1일	남조선신민당 위원장 백남운이 연합성 신민주주의론을 주창하며 박헌영의 부르주아민주주의혁명론을 비판했다.

1946년	4월 20일	박헌영이 동유럽에서 발전하고 있는 '인민민주주의'가 조선에 적당하다고 주장했다.
	4월 23일	조선인민공화국의 마지막 전국적 회합인 제2차 전국인민위원회 대표자대회가 열렸다.
	5월 6일	제1차 미소공동위원회가 무기한 휴회에 들어갔다.
	6월 3일	이승만이 전라북도 정읍에서 남한만의 단독정부 수립을 시사하는 발언을 했다.
	7월 22일	북한의 정당·시민단체를 따로 결집한 북조선민주주의민족통일전선위원회가 결성되었다.
	7월 25일	미군정의 후원하에 좌우합작위원회가 출범했다.
	8월 10일	북한에서 북조선임시인민위원회가 주요 산업 국유화 법령을 공포했다.
	8월 28~30일	북한에서 북조선공산당(조선공산당북조선분국)과 조선신민당이 합당해 북조선로동당(북로당)을 창립했다. 강령에 '조선민주주의인민공화국'의 건설을 명기했다.
	9월 23일	부산 지역 8000여 철도 노동자 파업을 시작으로 9월 총파업이 일어났다.
	10월 1일	대구시청 앞의 식량 요구 시위를 시작으로 10월항쟁이 일어났다.
	10월 6일	박헌영이 미군정의 체포령을 피해 월북했다. 단순한 개인의 피신이 아니라 남한 혁명운동의 지도부가 북쪽으로 이동한 것으로 평가된다.
	11월 3일	북한에서 도·시·군 인민위원회 지방선거를 실시했다.
	11월 23~24일	조선공산당, 남조선신민당, 조선인민당이 합당해 남조선로동당(남로당)을 창립했다.

1946년	12월 12일	미군정 산하 입법기관인 남조선과도입법의원(의장 김규식)이 개원했다.
1947년	2월 17~20일	북한에서 북조선 도·시·군 인민위원회대회가 열려 북조선인민회의 창립을 선포했다.
	3월 12일	냉전의 시작을 알리는 트루먼 독트린이 발표되었다.
	5월 21일	제2차 미소공동위원회가 서울 덕수궁에서 개막했다.
	6월 3일	미군정청 한국인기관을 남조선과도정부로 칭했다.
	6월 5일	미국에서 공산주의의 확산을 막기 위해 유럽의 경제부흥을 지원하는 마셜 플랜이 발표되었다.
	7월 5일	전국의 정당·사회단체에 임시정부 정체(政體) 등의 의견을 묻는 제2차 미소공동위원회 자문에 대한 답신안이 마감되었다. 국호에 대한 의견에서 좌익은 '조선인민공화국', 중도는 '고려공화국', 우익은 '대한민국'이 우세해 세간에 '좌조선 중고려 우대한'이라는 말이 돌았다.
	8월 6일	남조선과도입법의원이 7장 67조의 〈조선임시약헌〉을 통과시켰다.
	9월 17일	미 국무장관 마샬이 한국 문제를 유엔에 이관할 것을 제의했다.
	9월 22일	세계 사회주의 진영의 정보 공유를 모색하는 코민포름이 폴란드 바르샤바에서 창설되었다. 대미 협력 노선을 폐기하고 세계를 제국주의 진영과 민주주의 진영으로 나누어보는 '진영론'이 등장했다.
	9월 26일	소련이 미소 양군 철수와 자주적 통일정부 수립을 주장했다.
	10월 21일	제2차 미소공동위원회가 최종 결렬되었다.

1947년	11월 14일	유엔총회에서 임시한국위원단 설치안이 통과되어 유엔 감시하 남북한 총선거를 결의했다.
	11월 18~19일	북조선인민회의 제3차 회의에서 조선임시헌법 제정에 착수했다.
	12월 16일	역사학자 손진태가 '고려'를 통일독립국가의 국호로 제안했다.
1948년	1월 8일	유엔임시한국위원단이 서울에 도착했다.
	1월 23일	소련군이 유엔임시한국위원단의 입북을 거부했다.
	2월 7일	남로당과 민전이 주도하는 단독정부반대운동이 일어났다.
	2월 7~8일	북조선인민회의 제4차 회의에서 임시헌법 초안을 전인민적 토의에 부치기로 결정했다.
	2월 8일	북한에서 조선인민군이 창설되었다(북한의 '건군절').
	2월 10일	김구가 단독정부에 협력하지 않겠다는 내용의 〈삼천만 동포에게 읍고함〉을 발표했다.
	2월 26일	유엔 소총회에서 남한의 가능한 지역에서 총선거를 실시하는 안이 통과되었다.
	4월 3일	제주도에서 4.3항쟁이 일어났다.
	4월 19~23일	평양에서 남북 정당·사회단체 대표자 연석회의가 개최되었다.
	4월 24~30일	남북 정당·사회단체 대표자 연석회의에 이어 김구, 김규식, 김일성, 김두봉 등의 남북요인회담이 개최되었다.
	4월 28일	북한에서 북조선인민회의 특별회의가 열려 임시헌법에 대한 전인민적 토의를 총괄했다.

1948년	5월 10일	남한 지역에서 제헌국회를 구성하기 위한 총선거가 실시되었다.
	5월 31일	5·10총선거에 따라 제헌국회가 구성되었다.
	6월 1일	제헌국회가 헌법기초위원회 구성에 착수했다.
	7월 8일	북한에서 국기(國旗)를 태극기에서 인공기로 교체했다.
	7월 9~10일	북조선인민회의 제5차 회의에서 헌법 실시를 심의하고 8월 25일 최고인민회의 선거를 결정했다.
	7월 12일	제헌국회 제28차 본회의에서 제헌헌법이 만장일치로 통과되어 '대한민국' 국호가 최종 확정되었다.
	7월 17일	대한민국 제헌헌법을 공포했다.
	8월 15일	대한민국 정부가 수립되었다.
	8월 25일	북한에서 최고인민회의 선거를 실시했다.
	9월 2~10일	북한 최고인민회의 제1기 제1차 회의가 열려 김두봉 의장이 김일성에게 내각 구성을 위임했다.
	9월 8일	북한에서 조선민주주의인민공화국 헌법이 공식 선포되었다,
	9월 9일	북한에서 조선민주주의인민공화국 정부가 수립되었다.